Werner Bartl

Jetzt erst recht!

Das neue Lebensgefühl ab **50**

Molden

ISBN 978-3-85485-237-7

in der Verlagsgruppe Styria GmbH & Co KG
Wien · Graz · Klagenfurt
www.molden.at

Buchgestaltung: Bruno Wegscheider
Umschlagfoto: © CHIP HENDERSON/
Index Stock/picturedesk.com
Lektorat und Herstellung: Marion Mauthe

Druck: Druck: CPI BOOKS GmbH, Pohořelice

Inhalt

Man wird alt, wenn die Leute
anfangen zu sagen, dass man jung aussieht
(Karl Dall)

Prolog

Ich bestach Martina und Susanne am Donnerstag mit einer Flasche *Dom Pérignon*. Denn nur durch Korruption konnte ich auf einen glückwunschfreien Wochenausgang hoffen, sandten doch die beiden Sekretärinnen der Geschäftsführung aus Anlass der Geburtstage im Unternehmen immer ein Glückwunschmail mit Kopie an die gesamte Belegschaft. Mit Sicherheit erwarteten mich danach Bemerkungen über „das halbe Jahrhundert" und Fragen nach dem Antritt des baldigen Ruhestandes. Auch auf die vom Abteilungsleiter unter Pflichtgeklatsche überreichte Pralinenschachtel konnte ich getrost verzichten. Vielleicht hätte ich heuer sogar zwei davon bekommen, denn immerhin war ich nun der älteste Mitarbeiter des jungen Senders.

Schon einmal fünfzig geworden? Zugegeben, ich sehe aus – na, sagen wir mal – wie 47. George Clooney ist 47. Na eben.

Aus der Tatsache, dass ich als Leiter der Programmentwicklung eines Fernsehsenders mein Geld vor allem damit verdiene zu beurteilen, welche Programme für die 12- bis 49-Jährigen geeignet sind, schließe ich messerscharf, dass ich ab nun zum alten Eisen zähle. Schließlich gehört es auch zu meinen Aufgaben, die Quoten unserer Sendungen zu analysieren. Und Menschen über 50 zählen nicht mehr. Es ist, als ob es sie gar nicht gäbe. Egal, ob sie vor der Glotze gesessen sind oder nicht. Auch wenn die über 50-Jährigen nachweislich das meiste Geld als Konsumenten in die Wirtschaft pumpen, werden sie offi-

ziell und geschlossen ignoriert. Also ich und noch 514.234 Österreicher. So viele sind nämlich zwischen 50 und 54, gar nicht zu sprechen von den restlichen 2.145.000 UHUs (unter Hundertjährigen) in der Alpenrepublik.
Martina nahm die Flasche Champagner frostig lächelnd entgegen. Susanne murmelte etwas von Midlife Crisis. Sie waren ebenso unterkühlt wie der Schampus, denn im Vorfeld hatte ich gehofft, man würde zumindest mit mir anstoßen. Aber anscheinend war ich dafür nun wirklich zu alt. Zumindest hatte ich ihr Ehrenwort, in meinem Fall ausnahmsweise kein so genanntes *Community-Mail* auszusenden. Der *Dom Perignon* hatte volle Überzeugungsarbeit geleistet.
Mein Plan ging dennoch nicht ganz auf, denn der Flurfunk war schneller. Zaghafte Gratulationsversuche nahm ich mit stoischer Miene entgegen. Die Glückwünsche verstummten, und am Freitag konnte ich relativ unbehelligt ins Wochenende entfliehen.
Am Samstagnachmittag bestieg ich als 49-Jähriger den Traunstein im Salzkammergut, um mit 50 wieder ins Tal zurückzukehren. Den Sonntagmorgen hatte ich – nach einer ernüchternden Übernachtung in einer ungeheizten Schutzhütte – als Erster auf dem Gipfel verbracht. Als ein junger Bergsteiger den aus der Zielgruppe Ausgesonderten wahrnahm, war es bereits zu spät: Ich hatte ihm den Gipfelsieg geraubt.
Da saß also ein nunmehr 50-Jähriger – das konnte er natürlich nicht wissen, denn ich sehe bekanntlich aus wie 47 –, der versuchte, seine Schadenfreude zu verstecken. Der 20-jährige Alpinist sah ziemlich kräftig aus, und wir waren allein auf dem Gipfel. Seine Fragen nach meiner Aufstiegsroute beantwortete ich kryptisch. Es hätte seine Enttäuschung zu sehr gemildert zu erfahren, dass ich schon am Vorabend aufgestiegen war. Es galt wohl auch, einige Jahrzehnte an mehr ‚Lebens-

erfahrung als kleinen Vorteil gegenüber der ungestümen Kraft der Jugend zu nützen.

Ich stieg fröhlich pfeifend ins Tal ab. Ein herrlicher symbolischer Beginn meines neuen Lebensabschnittes. In der ersten Hütte im Tal holte ich mir Kaffee und eine regionale Wochenzeitung. Der Abo-Service für Tageszeitungen ist in alpinen Höhen immer noch miserabel. Doch der Kaffee schmeckte plötzlich schal. Mein Blick fiel auf ein Inserat: „Seniorenkino – für alle ab 50. Busfahrt ins Kinocenter Regau zum Film ‚Das Beste kommt zum Schluss' – Nachmittagsvorstellung zu ermäßigtem Preis!"

Ich war sprachlos, ärgerlich, wütend. Seniorenkino über 50! Sah ich aus wie jemand, den man mit einem Bus in eine Nachmittagsvorstellung ins Kino karren musste? Und ich kannte auch keine 50-, 55- und 60-Jährigen, die dafür in Frage kommen würden. Und eigentlich auch keine 65- und 70-Jährigen. Irgendetwas lief hier völlig aus dem Ruder. Die Generation der *Neuen Alten* tickt doch völlig anders!

Selpies (Second life People) sind möglicherweise auf dem Traunstein, verbringen aber keine Nachmittage im Seniorenkino. Sie jagen Eisbären am Nordpol, werden Schauspieler, gründen Bands, versuchen sich als Agrar-Rebellen, entwerfen Modetrends, brechen Rekorde, patentieren verrückte Erfindungen, machen als Quereinsteiger in der Politik auf sich aufmerksam, protestieren gegen Umweltskandale, stellen die Kunstszene auf den Kopf, drehen revolutionäre Filme und durchqueren Wüsten.

Die Organisatoren der Kinobusfahrt hatten es gut gemeint – das ist meistens das Gegenteil von gut. Sie verstanden aber das Lebensgefühl der *Neuen Alten* nicht im Geringsten. Das wird sich bald ändern. Denn die Revolution der Generation *50plus* hat bereits begonnen.

Einleitung

„Meinen Kindern ist es peinlich, wenn sie mich auf der Bühne tanzen sehen". Herbert Grönemeyer ist gerade 50 geworden, als ihm das in unserer Talkshow herausrutscht. Grinsen im Regieraum. Ich grinse mit – bin zu diesem Zeitpunkt erst jugendliche 48.

Der 19-jährige Felix und die 17-jährige Marie haben einen Rockstar zum Vater, der mit seinen Konzerten große Stadien füllt. Hunderttausende jubeln ihm zu und singen seine Hits mit. Trotzdem ist es ihnen urpeinlich, wenn er sich auf der Bühne nicht so benimmt, wie sich das für sein Alter gehört. Die steifen Briten kommentieren das mit: „They don't act their age!"

Als Grönemeyer vom Magazin *Vanity Fair* zu seinem Fünfziger befragt wird, antwortet er etwas resigniert: „Du alterst halt öffentlich" – und fügt dann schnell hinzu: „Ich bin konditioniert wie ein altes Rennpferd. Das ist nicht mehr so schnell wie mit 25, aber wenn es Rennen riecht, hat es den Adrenalinpegel von früher."

Herbert, du hast das Lebensgefühl unserer Generation auf den Punkt gebracht. Doch wir müssen kapieren, dass die anderen gar nichts kapieren. Selbst die eigenen Kinder sehen uns stirnrunzelnd beim Nichtälterwerden zu.

Das erlebte Altersvorbild des Nachwuchses sind ihre Großeltern. Aber mit ihnen hatten wir schon vor 40 Jahren heftige Probleme wegen unserer Lebenseinstellung. In den 68ern haben wir ihnen als jugendliche Rebellen erklärt, wo es langgeht, und so nebenbei die gesamte Gesellschaft verändert. Unseren Kindern ist „urpeinlich", dass andere uns möglicherweise als Grenzfälle für die Psychiatrie sehen könnten. Oder sie vermuten zumindest, dass wir eine späte Midlife-Crisis durchmachen. Medikamente können nicht schaden, weshalb sie Zeitungsartikel offen liegen lassen mit Überschriften wie *Ohne Depression in die zweite Lebenshälfte*.

In ihren Gesichtern lesen wir den Spruch unserer Eltern, den wir schon in der eigenen Pubertät nicht vertragen haben: „Warte nur ab, das legt sich schon wieder." Da irrt ihr euch gewaltig. Doch nicht genug des Generationenkonflikts: Selbst unsere Eltern sind von uns enttäuscht. Auch über 50 sind wir offensichtlich noch nicht „vernünftig" genug, um „in Würde zu altern".

Sie meinen, wir sollten jetzt etwas ruhiger werden. Viel spazieren gehen. Im Schrebergarten neue Rosenarten züchten. In den Fotoalben von früher blättern. Und nicht wie Erwin Gabriel aus Niederösterreich mit 50 eine zweite Karriere als Fotograf starten. Der hat mit 51 als Newcomer die Goldmedaille bei den internationalen Wettbewerbsfotografen gewonnen. Die Girls, die er fotografiert, sind auf den Titelseiten internationaler Magazine zu sehen. Sie stehen jetzt vor seiner Villa in Kottingbrunn Schlange. Meine Eltern haben sich mit 50 noch ausgerechnet, wann sie mit wie viel Rente in Pension gehen können.

Die Generationen vor uns können sich damit rühmen, das Land nach dem Krieg wiederaufgebaut zu haben. Applaus für unsere Großeltern und Eltern! Unsere Generation hat zur Sicherheit dafür gleich gegen alle Kriege protestiert. Zugegeben, genutzt hat es nicht so viel. Momentan schlagen sich Menschen in 50 bewaffneten Konflikten weltweit die Schädel ein.

Aber wir haben damals zumindest dagegen demonstriert. Einige sogar etwas länger. Wenn auch immer leiser.
Joschka Fischer hat vor einigen Jahren als deutscher Außenminister noch verkündet, dass er auch gegen den Irakkrieg ist. Sonst hat er leider nicht mehr viel dagegen unternommen. Allerdings war er damals auch gerade ziemlich gestresst so knapp vor der Scheidung von seiner vierten Ehefrau. Jetzt hat er sich ins Privatleben zurückgezogen und nochmals geheiratet. Es braucht für die wichtigen Dinge manchmal leider oft mehrere Versuche – auch beim Welt-Verbessern.
Aber die Revolution hat uns ehrlich Spaß gemacht. Auch wenn sich die meisten von uns dann einige Jahrzehnte lang angepasst haben, um genug Kohle fürs Leben im Eigenheim zu verdienen. So nach dem Motto: „Wer 1968 nicht dabei war, hatte kein Herz. Wer zehn Jahre später immer noch dabei war, hatte kein Hirn". Aber wir sind lange genug vernünftig gewesen. Jetzt wollen wir wieder unseren Spaß.
Von uns kann man auch lernen, wie *cooler* Lebensstil aussieht. Zur Erinnerung: Auch Musikgeschichte wurde von uns geschrieben. Mein 20-jähriger Sohn ist bekennender *Rolling Stones*- und *Doors*-Fan. Kein Einzelfall in seinem Alter. Ich höre mir aus Mitleid manchmal bei ihm *Die Ärzte* an. Sonst glauben die Grünschnäbel noch, wir denken, dass sämtliche gute Musik schon geschrieben wurde. Was eigentlich auch stimmt. Einmal hat der Nachwuchs sogar behauptet, dass *Hotel California* von den *Stones* gecovert wurde. Gab eine kurze Diskussion in meinem Sportwagen, während die Boxen uns den Hit der *Eagles* in die Ohren bliesen. Dann hatte er ein Einsehen. Immerhin bin ich mit dieser Musik erwachsen geworden. Oder zumindest älter. Die Kids haben leider keinen Schimmer, welches Lebensgefühl uns damals antrieb: Die Braven waren Fans der *Beatles* und die Bösen haben für die *Stones*

geschwärmt. Ich habe immer beide gehört. Sicher ist sicher. Heute sind mir die *Beatles* zu brav. Denn jetzt bin ich ins wirklich wilde Alter gekommen. Wie die *Stones* auch.

Ja, wir sind wilder als alle vor uns. Wir sind auch ab 50 noch frisch und frech. Ich nenne das *fresch.* Alte Normen sind wie alte Hüte – verstaubt und überflüssig. Eine Generation, die noch nie da gewesen ist, braucht auch eine Bezeichnung, die völlig neu ist.

Weil wir gerade bei den *Stones* waren. Uschi Obermaier war in den Achtzigern *das* Fotomodell Deutschlands und später das erste Groupie im Lande. Ihre Affären mit Mick Jagger, Keith Richard und Jimi Hendrix machten weltweit Schlagzeilen.

Als sie 60 wird, erklärt sie der *Bild*: „Lasst euch nicht unterbuttern. Bleibt die Persönlichkeit, die ihr seid. Macht euch nicht verrückt wegen des Alters! Genießt den Moment – denn es wird nie besser als jetzt. Für das Leben gilt: Jetzt im Moment seid ihr am besten. Lasst euch nicht knüppeln – oder ein schlechtes Gewissen einreden, dass ihr nicht gut genug seid. Ab 15 wird noch alles besser. Mit 30 nicht mehr. Obwohl? Mit 50 habe ich mich so wohl und sicher wie noch nie in meiner Haut gefühlt."

Und philosophiert dann einige Jahre später weiter: „Diese Eitelkeit von Frauen, die uns aufgesetzt wurde und mit der wir uns völlig sinnlos das Leben schwer machen! Aber ich nenne jedem mit Begeisterung mein Alter, auch weil es schnell die Spreu vom Weizen trennt. Wenn es einer nicht aushalten kann, dass ich 60 bin, dann ist er eben weg. Ich mag die Zahl nicht, nein, und doch bin ich stolz drauf."

Die Generation *fresch* ist anders als die älteren Herrschaften vor uns. Wir sind Menschen, die in der Mitte ihres Lebens mitten im Leben stehen. Im wahrsten Sinn des Wortes. Denn statistisch gesehen haben wir mit fünfzig noch gute vierzig Jahre vor uns.

Das Wort *Senior* ist indiskutabel. Es hat den Hautgout des „unnützen Rentners", der eigentlich ins Altersheim gehört. Wer mich so nennt, den bezeichne ich mit gleichem Recht ab sofort als *Junior*, was immer noch gleichbedeutend ist mit „Grünschnabel", der erst einmal etwas über das Leben lernen muss. Selbst in den USA wo *Senior-Citizen* eher eine positive Bedeutung hat, lehnen die *Neuen Alten* den Seniortitel ab. Ist ja auch kein Titel. Biologisch alt wird man von selbst. Man muss nur überleben.
Die Amis nennen sich dann *Wollies* (Well off older people), *Greygamer, Bestager, Silverager, Fiftyfree* und vor allem *Selpies* (Second Life People). Sie betreiben eine eigene Internetplattform – www.selpies.com –, um ihre Lebensphilosophie klar zu machen. Seriöse Untersuchungen zeigen, dass Menschen über 50 heute viel aktiver und informationsinteressierter sind als jene unter 50.
Wer das nicht glaubt, sollte einmal für eine Meinungsumfrage auf die Straße gehen. Da erklären 30-Jährige mit Matura voll Überzeugung in die Kamera, dass die Hauptstadt von Schweden *Ikea* heißt.
Selpies sind aber nicht nur agil und mobil. Sie haben meistens auch Zeit und Geld – und geben beides mit vollen Händen aus. Den Herbst des Lebens vergolden sie sich selbst, indem sie sich ihre Wünsche erfüllen. Jetzt ist Zeit für *cashing out.* Der Herbst ist eben Erntezeit. Im zweiten Lebensabschnitt will der *Selpie* endlich die Früchte seiner Arbeit genießen. Das ist keine Verlängerung der Lebensphilosophien der ersten Halbzeit. Jetzt ist jene Hälfte angebrochen, in der wir die meisten Tore schießen. In der Pause planen wir, wie wir unser Leben ab jetzt am besten genießen können.
Die Werbewirtschaft sitzt inzwischen noch immer da und überlegt, was sie mit dieser neuen Zielgruppe anfangen soll.

Denn die sind tatsächlich nicht sonderlich an prostatastärkenden Wundermitteln, Beckengymnastik und Einbau von Treppenliften interessiert.
Nach einer solchen Werbeyuppie-Klausur wird dann aus stolzgeschwellter jugendlicher Brust die Lösung hinausposaunt: „Die alten Menschen sollen ab nun PEGGIs heißen". P soll für Persönlichkeit stehen, E für Erfahrung, G für Geschmack, noch einmal G für Geld und I für Interessen. Absoluter Schwachsinn, was ihr euch da ausgedacht habt. PEGGI könnt ihr euren Dackel nennen. Wir wissen, wer wir sind. Auch ohne euch kreativen Youngsters.
Klar, dass euch mulmig wird. Denn wir sind schon ziemlich viele. Jeder vierte Europäer ist über 60. Allein in Österreich leben über 1,6 Millionen Menschen zwischen 55 und 74 Jahren. Und wir werden mit hundertprozentiger Sicherheit unaufhaltsam mehr. In den nächsten Jahren werden wir um stolze 25 Prozent wachsen. Bald wird jeder Dritte der Zielgruppe *50plus* angehören. Und die geburtenstarken Jahrgänge werden zusätzlich für dramatische *shifts* in der Bevölkerungsstruktur sorgen. Das ist auch der kommenden Generation nicht entgangen. Wir sind so stark, dass wir bald Trendsetter sind. Dann bevölkern wir die Shoppingcenter, fahren jedes dritte Auto und dominieren das Bild in der Fußgängerzone. Uns gehört die Zukunft.
Die Entscheidung, was *mainstream* ist, wird spätestens dann von uns getroffen, wenn wir den Großteil der Bevölkerung stellen. Übrigens: dass wir über 50 sind, bedeutet nicht, dass wir nur mehr unauffällige grau-beige Kleidung tragen möchten. Es wird höchste Zeit, dass es nicht nur bauchfreie Shirts für Teenies gibt, sondern auch gut geschnittene Mode für Girls über 50. Und auch wir Jungs über 50 wollen Jeans, die unseren Hintern knackiger machen. Außerdem wehren wir uns

gegen die *50plus*-Einheitsfrisur, die uns unbedarfte Friseusen verpassen wollen.

Während also die Werbestrategen noch immer nachdenken, in welche Schublade sie uns stecken könnten, ist unsere Revolution schon längst im Gange. Rebellion ist kein Monopol der Jugend, und alte Menschen sind nicht automatisch konservativ. Wir sind keine tattrigen Senioren, die nur in ihren Erinnerungen schwelgen.

Lästermaul Harald Schmidt sagt es diesmal ausnahmsweise ohne Zynismus: „Der neue Trend heißt *Silver Generation.* Das wird absolut kommen. Der Rentner von heute lebt wie Gottschalk. Ich fange jetzt an, diesen schier unfassbaren Markt anzugraben." Thomas Gottschalk ist übrigens immer noch auf dem Bildschirm, und wer ihn zur Weißglut bringen will, begrüßt Tommy mit „Servus, Alter". Götz George macht auch mit 66 seine Stunts noch selbst. Moneymaker Didi Mateschitz gründet mit 65 einen neuen Fernsehsender. Hans Krankl wird mit 52 zum bestgekleideten Österreicher gewählt.

Und nochmals Harald Schmidt: „Ab jetzt mache ich nur mehr das, was mir Spaß macht!" Nicht nur er! Wir haben es mit einer Aufbruchsgeneration zu tun, die ihre Gesellschaft in der Vergangenheit verändert hat. Jetzt formen wir das Älterwerden neu. Die Dynamik ist da. Die Power dieser Generation existiert. Jetzt wird sie auch proklamiert.

Millionen Europäer, die sich für ganz normale Menschen halten, sind es nämlich in Wahrheit gar nicht. Sie revolutionierten Sex, Politik und Kindererziehung, erfanden den Single, den Umweltschutz, die Friedensbewegung und den Minirock. Heute sind sie die erste Generation, die altert und dabei in ihrem Denken jung bleibt.

Wir vollbringen mit *50plus* sportliche und intellektuelle Höchstleistungen, bekommen Kinder mit neuen Partnern und verändern noch immer mit genialen Ideen die Welt. Es geht hier nicht um eine geriatrische Modeerscheinung, sondern um eine Lebenseinstellung, die tief in uns verwurzelt ist. Wir sind keine Berufsjugendlichen, sondern die neue Generation der Jungalten. Wir widerlegen die herrschenden Altersstereotypen schlicht und ergreifend mit unserem Leben. Denn immer, wenn man etwas Neues beginnt, wird man wieder jünger.

Gleichzeitig bemerken wir einen aufkeimenden Altersrassismus, der uns bremsen will. Es sind anfangs nur kleine Scherze. Zum Geburtstag schenkt uns ein Freund ein T-Shirt mit der Aufschrift „Ich bin über 50, bitte helfen Sie mir über die Straße". In der Stammtischrunde fällt immer öfter die neckische Satzeinleitung „in deinem Alter". Wenn das noch alle witzig finden, ist es okay. Danach wird's aber eng. Solange dich die Menschen fragen: „Warum heiratest du nicht?", brauchst du nicht zu antworten. Erst wenn sie fragen: „Warum hast du nicht geheiratet?", sollten wir einc gute Antwort parat haben.

Einige Tage nach meinem Fünfziger war ich bei einem alternativ angehauchten Kurzfilmfestival. Ein freches und fesches (aber nicht *fresches*) Girlie stand bei einem kleinen Tischchen und verkaufte Eintrittskarten. Da wir lange warten mussten, begrüßte sie jeden mit einem Scherzchen auf den Lippen. Als ich an die Reihe kam, sagte sie zu mir als dem offensichtlich Ältesten in der Warteschlange: „Sie wollen sicher eine Ermäßigung – Student, nicht wahr?" Die halb so alten Umstehenden grinsten hämisch.

Ich schauspielerte spontan Erstaunen als Reaktion. „Stimmt genau", sagte ich, „woher wissen sie, dass ich mit einem Philosophiestudium begonnen habe? Sie verblüffen mich! Oder kennen wir uns von der Uni?" Jetzt wurde sie unsicher und sah mich mit großen fragenden Rehaugen an, während ich in meiner Brieftasche nach dem nicht vorhandenen Studentenausweis kramte. Dann hielt ich inne. „Ist ja lächerlich, ich kann mir doch den vollen Eintritt leisten und eure tolle Sache unterstützen!“, sagte ich gönnerhaft. Verkrampft lächelnd und zaghaft Dankbarkeit zeigend verkaufte sie mir eine Karte.

Die jungen Leute hinter mir murmelten miteinander und sahen mich mit scheelem und teils amüsiertem Blick an. Ich lächelte freundlich zurück.

Eigentlich habe ich momentan nicht vor, ein Philosophiestudium zu beginnen. Aber es hätte doch leicht der Fall sein können. Lebenslanges Lernen hört bekanntlich nicht mit 50 auf. Denn da hört auch das Leben nicht auf.

Gerade für die Zukunft sind wir extrem wichtig. Im Jahr 2035 wird die Zahl der über 60-Jährigen fast so groß sein wie die der Jungen unter 20 Jahren. Spätestens da werden gut gebildete Ältere dringend gebraucht.

Mittlerweile studieren in Deutschland mehr als 60.000 *Fresche* über 50. Das sind bereits so viele *50plus*-Studenten wie insgesamt an der Uni München studieren. Warum auch nicht? In drei bis vier Jahren kann man einen Beruf erlernen. In zweieinhalb Jahren beherrschen die meisten ein Musikinstrument soweit, dass sie ihr Publikum mit ihrer Darbietung quälen können. In zehn Jahren kann ein 50-Jähriger also theoretisch drei neue Berufe und vier Instrumente erlernen. Aber eigentlich haben wir Besseres vor.

Tja. Es war dann noch ziemlich *chillig* nach dem Filmfestival. Jemand erkannte mich im Kinosaal als „den Typen, der Fernsehen macht“. Einige junge Filmemacher wollten dann noch unbedingt mit mir plaudern. Und meine Meinung als alter Hase wissen. In diesem Sinn darf man dann auch alt sein. Das ist okay – finde ich.

Wahrscheinlich wollten sie eher, dass ich ihnen bei der Karriere

helfe. Mache ich zwar nicht, aber es ist ein logischer und legitimer Versuch.
Niemand kam auf die Idee, mich irgendwann zu fragen, ob ich nicht lieber auf dem bequemen Polsterstuhl in der Ecke des Lokals sitzen wollte statt auf dem harten Barhocker. *Fresch* sein hat eben auch seinen Preis. Aber dafür ist man am Puls der Zeit. In meinem Fall beim Fernsehsender *Puls 4*.
Dort bin ich der Älteste an biologischen Jahren. Einige jüngere Kollegen wollen manchmal lieber aus eigenen Fehlern lernen. Statt aus meinen Erzählungen über Bauchlandungen in der Vergangenheit. Das ist ungeschickt, aber okay. Why not? Sollen sie es eben auf die harte Tour lernen. Merkt man sich auch besser.
Nur wenn Jüngere beginnen, uns so zu behandeln, als ob wir nichts wüssten und eigentlich nur geduldete Firmenantiquitäten seien, müssen wir ungemütlich werden. Und sollten sie auch nur ansatzweise andeuten, dass sie uns für senil und schwer von Begriff halten, wehren wir uns entschlossen. Denn sie brauchen uns – auch wenn sie das selbst erst mit 50 ganz begreifen werden.
Im Sender wagten wir eine Show mit einer sehr ungewöhnlichen und unerfahrenen Moderatorin. Entführungsopfer Natascha Kampusch. Einer der ersten Gäste in ihrer Sendung war Filmregisseur Stefan Ruzowitzky. Beim Talk im Wiener Filmcasino wollte er plötzlich wissen, ob Natascha nun als 20-Jährige versucht, ihre Kindheit nachzuholen. Sie verneinte und erklärte ihm, sie wolle jetzt so sein, wie es ihrem Alter entspricht. Ruzowitzky nickte zustimmend: „Man kann auch als 50-Jähriger nicht leben wie mit 20."
Ich musste schmunzeln. Der gefeierte Oscarpreisträger war betont lässig in alten Jeans und Turnschuhen für die Fernsehaufzeichnung erschienen. Schon nach einem kurzen Gespräch

war mir klar, dass Ruzowitzky zur Generation der *Freschen* gehört. Er weiß es nur noch nicht. Klar. Er ist erst 46.
Es stimmt zwar, dass er mit 50 nicht mehr leben wird wie mit 20. Es wird viel besser sein. Er wird noch mutigere Filme machen, weil er sich noch weniger um die Meinungen anderer kümmern wird. Und in einigen Jahren wird er diesen Satz sicherlich anders formulieren. Weil ihm dann klar ist, dass die meisten sonst etwas ganz anderes verstehen, als er meint.
Natascha Kampusch hat einen persönlichen Betreuer, der sie durch ihr spannendes Leben in Freiheit begleitet. Er ist einige Jährchen älter als ich. Anlässlich des 20. Geburtstags der Neo-Moderatorin plauderten wir bei ihrer kleinen Party über runde Geburtstage und das Alter. Zu fortgeschrittener Stunde bin ich immer besonders philosophisch. Und da ich damals noch nicht 50 war, ist mein Ausrutscher entschuldbar. Zumindest für mich. „Ich habe gehört, mit dem Älterwerden ist es wie bei einer Klopapierrolle", sagte ich zu ihm, „gegen Ende hin rollt sie sich immer schneller ab." Er lächelte wie nur ein Berufspsychologe lächeln kann: „Glaube mir, je weniger Blätter es werden, desto sorgfältiger gehst du mit ihnen um."
Hinter ihm stand gerade die junge Frau, der ein Psychopath über acht Jahre der Jugend gestohlen hatte. Zwischen zehn und achtzehn war sie in seiner Gewalt. Bei all dem Entsetzen über das Geschehene war es gut zu wissen, dass ihre besten Jahre noch vor ihr liegen. Und es ist gut zu wissen, dass mit 50 noch nicht alles vorbei ist – wenn wir es nicht zulassen.

Das wahre Alter ist im Kopf

Ich war zarte 17 als ich Regina Sollmann um ein Date bat. Seit über zwei Monaten war ich unsterblich in sie verliebt. Ewig, wie mir schien, hatte ich auf einen günstigen Zeitpunkt gewartet. Schwarzhaarig und zierlich saß sie noch am Lehrerpult im Klassenzimmer und korrigierte eine Französischarbeit. Aus dem Blick ihrer rehbraunen Augen schloss ich, dass sie sich nicht sicher war, ob sie mich richtig verstanden hatte. Ich fasste noch einmal all meinen Mut zusammen.

„Ich habe für heute Abend einen Tisch für uns in einem Restaurant reserviert", flötete ich hoffnungsvoll in meiner tiefstmöglichen Stimmlage – das klang wohl etwas seltsam – und setzte ein gewinnendes und zugleich mein männlichstes Lächeln auf. Eine Woche lang hatte ich das jeden Morgen vor dem Badezimmerspiegel trainiert. Dazu zog ich vielversprechend kurz die linke Augenbraue hoch. Das hatte ich in einem Film gesehen und ich fand es eigentlich ziemlich dämlich. Doch ich war bereit, alles zu tun, was mir weiterhelfen konnte. Frau Sollmann errötete kurz nach dieser Vorstellung. Das war mir peinlich und auch mir schoss das Blut in den Kopf. „Ein Rendezvous ?!? Bartl! Ich bin 34", sagte sie dann mit – wie mir schien – etwas gespieltem Entsetzen. „Ich bin doch kein Teenager mehr!" Ich konnte gerade noch „Das stört mich gar nicht!" stammeln. Dann verließ sie fluchtartig den Raum. Es schien mir keine gute Idee ihr nachzulaufen – hat man doch als junger Mann seinen Stolz.

Böse ist sie mir aber nie gewesen. Ganz im Gegenteil. Ich hatte sogar den Eindruck, dass sie meine Schularbeiten immer besonders milde beurteilte. Manchmal lächelte sie mich amüsiert an und brachte so mein Blut in Wallung. Ich bin sicher, es hat ihr geschmeichelt, mich so schmachten zu sehen. Und vielleicht wäre sie mit mir auch auf einen Kaffee gegangen, wenn ich nicht ihr Schüler gewesen wäre. Später überlegte ich kurz, sie um Nachhilfeunterricht in Französisch zu bitten. Aber das hatte das Potenzial zu schweren Missverständnissen.
Tatsächlich war sie doppelt so alt wie ich. Ich lernte schon mit 17, dass das biologische Alter bei uns im Kopf die Regeln festsetzt, was möglich und was unangebracht ist. Diese seltsame Erkenntnis verfolgt mich bis heute. Alle meine Partnerinnen waren jünger als ich. Was aber nicht unbedingt bedeutet, dass ich heute jemanden suche, der älter ist als ich. 30 Jahre nach meinem Erlebnis mit Frau Sollmann haben mir „Uralte" aber bewiesen, dass es möglich ist, diese Barrieren im Kopf zu überwinden.
„Unfassbar! Das müssen wir unbedingt noch in der heutigen Sendung bringen!", meinte der Musikredakteur, als er in mein Büro stürmte und seinen Laptop ungefragt vor mich auf den Schreibtisch stellte. Dann klickte er einen Videoclip auf der Internetplattform *youtube* an. Eigentlich hatte ich keine Lust, die Sendung noch so kurzfristig umzustellen. Ich hob leicht irritiert die Augenbrauen, wie es sich für einen über den Dingen stehenden Chef gehört. Doch er war nicht zu bremsen: „Schau es dir bitte einfach bis zum Ende an!" Ohne auf meine Antwort zu warten, startete er den Musikvideoclip.
Ich verlor schon nach einigen Sekunden die Contenance. Es war tatsächlich unfassbar. Eine Band von 40 Frauen und Männern coverten den Hit *My Generation* der Kultrockband *The Who*. Es wirkte auf den ersten Blick, als würden die Bewohner

eines Altersheims im dortigen Speisesaal ihr Bestes geben. Später erfuhr ich, dass das Durchschnittsalter von *The Zimmers* stolze achtundsiebzig Jahre beträgt. Das älteste Bandmitglied Buster Martin ist hundert.

Statt ein erholsames Mittagsschläfchen zu halten, zertrümmern diese Methusaleme ihre Gitarren und dreschen auf das Schlagzeug ein, bis es umkippt. Mit dem Song aus den 1980ern protestieren sie gute 25 Jahre später gegen die Position ihrer Generation in der Gesellschaft. Keineswegs ein zahnloser Protest. Obwohl dem 90-jährigen Leadsänger Peter Oakley schon fast alle Beißerchen fehlen. Trotzdem haben der praktizierende Motorradfan und seine Gang mehr Biss als so mancher Jüngere.

Die Laufgestelle (deutsche Übersetzung für *The Zimmers*) stürmten schon in der ersten Woche nach Erscheinen ihrer Coverversion die britischen Charts. Und planten kurz darauf eine Europatournee. Warum auch nicht? Ihre Vorbilder *The Who* sind ebenfalls als Rentnerband unterwegs. Und brüllen noch immer auf der Bühne den Refrain ihres Megahits: „Things do look awful cold, I hope I die before I get old – talking about my generation". (Alles sieht schrecklich kalt aus, ich hoffe ich sterbe, bevor ich alt werde – ich rede von meiner Generation). Die warten also auch immer noch aufs Altwerden.

Wir brachten den gesamten ungekürzten Musikvideoclip am Sonntagabend bei *Vera Exklusiv*. Die Zuseher waren begeistert und bombardierten den Kundendienst mit Anfragen. Einige Tage später wurde die Band dann auch in den Abendnachrichten vorgestellt. Bis heute haben den Videoclip bereits über fünf Millionen Menschen im Internet gesehen. Der Gewinn aus dem CD-Verkauf der *Zimmers* geht übrigens an soziale Projekte. Geld interessiert diese Jungalten nicht mehr. Sie wollen einfach nur ihren Spaß.

Was für ein Schwachsinn auch, das Alter nur über die Leistungsfähigkeit des Körpers zu definieren Es gibt 40-Jährige, die steinalt sind, obwohl sie topfit sind. Völlig erstarrt leben sie im Alltagstrott. Es ist unser Denken und Handeln, das bestimmt, wie alt wir sind.

„Die wahren Abenteuer sind im Kopf, und sind sie nicht im Kopf, dann sind sie nirgendwo", hat Chansonnier André Heller gesungen. Der ist vor kurzem 61 geworden und sein weltweiter Erfolg mit dem Zirkuszeltspektakel *Afrika, Afrika* langweilt ihn schon wieder. Er wird demnächst wieder neue Projekte starten. Unter anderem plant er einen acht Hektar großen Paradiespark in Marrakesch (Marokko).

Bob Dylan ist bei seinem Projekt geblieben. Er hat vor 40 Jahren mit einer *Never Ending Tour* (so die inoffizielle offizielle Bezeichnung) begonnen und spielt heute noch immer jährlich bis zu 150 Konzerte. Wer erwartet, dass er dann jedes Mal sein weltbekanntes *Blowing in the Wind* oder *Like a Rolling Stone* anstimmt, ist auf dem Holzweg.

Erst während des Konzerts entscheidet der 67-jährige Künstler, welche Songs er spielen wird. Manchmal verstümmelt er seine Nummern bis zur Unkenntlichkeit und erklärt nur, dass er sie früher eben nicht richtig gespielt hat. Er lebt im Heute und nicht im Gestern. Die Konzerthallen sind immer zum Bersten voll, und obwohl es der Multimillionär absolut nicht nötig hat, tourt er immer weiter. Seine Songs sind unsterblich – er nicht. Aber seine Zeit ist noch nicht abgelaufen, und er nützt sie jeden Tag. Das können auch Normalsterbliche von ihm lernen.

Was hat die heutige Musikszene dagegen zu bieten? Die Boyband *Tokio Hotel* machte schon nach den ersten Hits mit Schlagzeilen über die Stimmbandprobleme ihres Leadbürschchens Bill Kaulitz auf sich aufmerksam. Aber zugegeben – wir haben es den Jungs schon schwer gemacht. Unsere Generation hat so viel Dynamik vorgelegt, dass denen wahrscheinlich manchmal ganz mulmig wird.

Die Ikonen der 68er waren für die heute 60-Jährigen die großen Vorbilder. Wer *50plus* ist, hat die Protestbewegung schon etwas gefiltert miterlebt und das Positive aus dieser Zeit mitgenommen. Das heißt, dass sie durch die Fehler anderer klüger geworden sind. Auch jetzt betrachten sie das Geschehen etwas aus der Distanz und folgern: „Älterwerden ist nicht mehr so, wie es einmal war."

Selbst im Sport haben heute die *Neuen Alten* das Sagen. Josef Hickersberger – der 60-jährige Ex-Fußballtrainer der österreichischen Nationalmannschaft – erklärte vor der EM 2008: „Dafür kann ich nichts. Vor Länderspielen fühle ich mich wie zwanzig". Gut, er muss auch nicht mitrennen, sondern nur mitfiebern. Dafür steigerte er sich beim Spiel gegen Deutschland gleich so in einen Streit hinein, dass er gemeinsam mit dem deutschen Bundestrainer Joachim Löw auf die Zuschauertribüne verbannt wurde. Einmalig in der Geschichte der Europameisterschaft. Man kann ihm vorwerfen, dass das unreif war. Vielleicht. Oder als Beweis dafür sehen, dass er vom Kopf her jung geblieben ist. Und damit Lebenserfahrung mit jugendlichem Elan verbindet.

Der erfahrene „Hicki" weiß, dass die zweite Halbzeit oft besser läuft als die erste. Und das entscheidende Tor – so wie Österreichs einziges EM-Tor (übrigens vom ältesten Teamspieler erzielt) gegen Polen – auch in der letzten Minute fallen kann. In der zweiten Spielhälfte kann sich eben alles nochmals völlig umdrehen. Und die letzten Minuten sind meistens die spannendsten. Ein gutes Bild für unser Leben. Die deutsche Mannschaft hat uns das schon oft vorgemacht. Mit enormem Kampfgeist und einer Portion Glück haben die Routiniers

schon so manches Ergebnis noch in den letzten Spielminuten zu ihren Gunsten umgedreht. Das ist Österreich bei der EM 2008 nicht gelungen, und es reichte nicht einmal für den Aufstieg ins Viertelfinale. Einige Ex-Fans forderten, deswegen einen Staatstrauertag auszurufen.
Aber für den *freschen* Josef Hickersberger gab es keinen Grund zum Trauern. Jetzt schickt er sich nach dem EM-Debakel wieder selbst in die Wüste zu den arabischen Geldquellen. Patriotismus ist ganz okay. Aber die Saudis wollen von ihm lernen und haben ihm ein lukratives Angebot unterbreitet. So setzt er seine Trainerkarriere in den Vereinigten Arabischen Emiraten als Chefcoach in Abu Dhabi fort. So schaut das Leben der *Neuen Alten* aus.
Auch der 78-jährige Joseph Reichermeier ist ein Lebenskünstler. Ich lernte ihn bei einer Regatta am oberösterreichischen Traunsee kennen. Jedes Jahr segeln wir gemeinsam und werden fast immer Letzte, da es der Sepp regelmäßig schafft, den Start zu versäumen. Macht nichts. Den wichtigsten Neustart seines Lebens hat der Bayer bereits mit 49 in die Wege geleitet. Als Prokurist eines deutschen Paradeunternehmens in der Metallbranche gehörte er zu den Spitzenverdienern und fuhr einen protzigen Mercedes. Die Söhne studierten, und es gab keine Anzeichen dafür, dass für den erfolgreichen Manager eine Veränderung nötig wäre. Aber der Job machte ihm einfach keine Freude mehr. Er musste eine Entscheidung treffen. Joseph dachte darüber nach, was er wirklich gerne machen würde. Täglich wurde es ihm klarer: Die größte Freude für ihn ist die Arbeit mit jungen Menschen. Es gehört aber auch Mut dazu, sich auf neue Abenteuer einzulassen. Zahme Vögel träumen ihr Leben lang von der Freiheit. Nur wilde Vögel fliegen. Als Joseph seinen Superjob kündigte und sich dafür entschied, Lehrer in einer Schule für holzverarbeitende Berufe zu werden,

hielten ihn viele für verrückt. Er drückte wieder die Schulbank und hielt seine eigene erste Unterrichtsstunde in einem Alter, in dem andere die Tage bis zur Rente zählen. Er bereute seinen Schritt keine Sekunde. Seine Augen funkeln vor Freude, wenn er von seinen 15 Jahren als Berufsschullehrer erzählt. „Da hat die schönste Zeit meines Lebens begonnen", strahlt er. Wer ihm heute zusieht, wie er hurtig auf dem Boot herumturnt, ist auf der Stelle davon überzeugt, dass Alter zuallererst etwas mit der Lebenseinstellung zu tun hat. Der Sepp ist nicht 78 Jahre alt – er ist 78 Jahre jung. Und hat noch einiges vor. Das scheint das entscheidende Element zu sein. Auch Extrembergsteiger Reinhold Messner (60) meint: „Ohne Visionen, die ich verwirklichen kann, wäre ich ein alter Mann!"

Eine Untersuchung der Uni Hamburg-Eppendorf aus dem Jahr 2008 beweist, dass das Gehirn auch im Alter noch wächst. Für dieses Experiment musste drei Monate lang mindestens eine Minute mit drei Bällen jongliert werden. Kein Witz. Als man dann den Teil des Gehirns der 50- bis 67-jährigen Teilnehmer im Kernspin-Tomografen untersuchte, waren zwei Hirnareale deutlich vergrößert. Dann wurde allen eine dreimonatige Übungspause verordnet – das Hirn schrumpfte wieder.

Man muss aber nicht zu jonglieren beginnen. Ich gebe beispielsweise gern damit an, Dinge zu wissen, die niemanden interessieren. So tu ich an der Bar – wenn es meine Begleitung bestellt – kund, dass das gefragte Sommergetränk *Aperol* aus Enzianblüten, Rhabarber, Orangenauszügen und aromatischen Kräutern gemacht wird. Wenn ich jemanden nicht mag, behaupte ich noch, dass die rote Farbe von zerstoßenen Blattläusen stammt, die auf einer italienischen Insel dafür extra gezüchtet werden. Ja, und ich kenne auch das Rezept von Cocktails wie *Cosmopolitan*. Das kommt meistens besser an als meine Altgriechischkenntnisse.

Wer sich neuen Ideen und neuen Wegen verschließt und nur tut, was er schon immer getan hat, wird dafür auch immer weniger Gehirn benötigen. Dann nutzt es ihm auch nichts, wenn er als Bodybuilder täglich seinen Körper stählt. Aber nichts gegen Muskelpakete – es gibt da einige, die ziemlich clever sind. So wie Arnold Schwarzenegger, der erst mit 53 in die Politik gegangen ist. Einige behaupten zwar, dass man als Gouverneur von Kalifornien auch Gehirnmasse einbüßen kann. Aber grundsätzlich sind Muskeln und Hirn kein Widerspruch. Dennoch muss beides trainiert werden.
Schnell und lang Laufen macht übrigens auch nicht jünger. Viele vergessen, dass der erste Marathonläufer am Ende tot umfiel. Der zu Tode erschöpfte junge Grieche überbrachte vom Kriegsfeld die freudige Botschaft „Wir haben gesiegt". Das waren gleichzeitig seine letzten Worte. Einige ahmen dieses tragische Vorbild eifrig nach und sind weder Griechen noch in den Zwanzigern. Und auch wenn ihr Privatleben manchmal so aussieht – sie kommen normalerweise auch nicht vom Schlachtfeld. Es kann unmöglich das Gehirn sein, das den Hobby-Marathonläufern suggeriert, dass sie genau 42,195 Kilometer so schnell wie möglich laufen sollen. Es handelt sich hier eher um ein gruppendynamisches Phänomen.
Ich laufe auch manchmal. Oft habe ich aber nach 20 Minuten keine Lust mehr und lege mich in meinen Sportklamotten auf eine Parkbank und blinzle in die Sonne. Die scheint immer, wenn ich jogge, denn bei Regen bleibe ich im Bett. Und ich versuche auf der Bank dann zu lächeln, damit niemand auf die Idee kommt mich zu fragen, ob ich mich überanstrengt habe und einen Arzt brauche.
Es ist traurig, wenn Menschen über 50 ihre Jugend über die körperliche Verfassung beweisen wollen. Besonders Männer sind felsenfest davon überzeugt, dass es vor allem körperliche

Fitness ist, die sie für das andere Geschlecht unwiderstehlich macht. Schon im Kindergarten sind wir mit anderen Buben um die Wette gelaufen, haben uns geprügelt und beim Armdrücken festgestellt, wer der Stärkere ist. Das Leben ist für Machos ein Wettbewerb und alle anderen Männer sind Konkurrenten. Darum hetzen manche im Rekordtempo auf Berge und überholen triumphierend einige untrainierte jüngere Geschlechtsgenossen. Freundlich lächelnd erzählt man dem keuchenden Weichling, dass unsereiner den Berg normalerweise in nur zwei Stunden statt dreieinhalb bezwingt. Mit einem lockeren „wir sehen uns ja vielleicht oben in der Hütte oder wenn ich schon am Rückweg bin" verabschieden wir uns. Und sind beflügelt von dem Gefühl, viel männlicher zu sein als diese schlaffen Jünglinge. Das ist auch in Ordnung und eine gute Selbstmotivation. Aber unweigerlich wird jeder Bergfex früher oder später etwas langsamer. Um dann irgendwann vor der Tatsache der abnehmenden körperlichen Leistungsfähigkeit kapitulieren zu müssen. Und plötzlich sind sich die Naturburschen ganz sicher: Ich bin über Nacht alt geworden. Für diese Sportskanonen ist das in diesem Moment auch wahr. Sie haben nicht verstanden, dass das wahre Alter im Kopf ist. Schade. Denn wer nicht kapiert hat, dass etwas falsch läuft, kann es auch nicht zum Positiven verändern.

„Heureka" riefen die alten Griechen, wenn ihnen ein Licht aufgegangen ist. Wer die Lebenseinstellung der *Neuen Alten* verstanden hat, wird automatisch anders handeln. Er weiß, dass es nur eine Chance gibt, sein Leben ab 50 zu nutzen – und zwar hier und jetzt. Und jeden Tag verkürzt sich diese Möglichkeit garantiert um einen Tag.

Dass Alter im Kopf entsteht, wiederhole ich in diesem Kapitel mehrmals, weil ich aus der Medienwelt weiß, dass man etwas häufiger als einmal hören oder lesen muss, damit es registriert wird. Dann beginnt man darüber nachzudenken. Gedanken führen später – hoffentlich – zu Handlungen. Und wenn Handlungen regelmäßig wiederholt werden, entstehen Gewohnheiten. Das bestimmt die Art und Weise, wie wir leben, und formt unseren Charakter.

Wir müssen auch herausfinden, was uns alles an falschen Vorstellungen eingeredet wurde, damit wir uns davon dann endgültig verabschieden können.

Klar, man kann auch einfach gar nichts tun. Da gibt es zumindest die Garantie, dass sich absolut nichts ändert. Außer dass man langsam aber sicher verkalkt und degeneriert. Stillstand ist Rückschritt.

„Wenn du nicht mehr nach vorne kannst und nicht mehr zurück willst, dann bleib halt stehen“, hat Peter Alexander in einer seiner 600 Shows auf Wienerisch gesungen. Der Entertainer lebt seit dem Tod seiner geliebten Frau Hilde völlig zurückgezogen. Der 82-Jährige hat all die Kreativität und übersprühende Lebensfreude scheinbar über Nacht verloren. Aus und vorbei. Als ob jemand bei ihm einen Schalter umgelegt hätte. Laut den Aussagen seiner kürzlich tragisch ums Leben gekommenen Tochter ist er aber nicht unglücklich. Er hat nur einfach seiner Meinung nach genug erlebt. Muss man respektieren.

Aber tatsächlich sind es immer wir selbst, die den Schalter umlegen. Es sind nicht die tragischen Erlebnisse, die Rückschläge, Krankheit oder der Verlust des Arbeitsplatzes, die uns zu einer anderen Lebenshaltung zwingen. Alles spielt sich in unserem Kopf ab. Wenn wir selbst beschließen, dass die besten Jahre vorbei sind – dann sind sie das auch.

Aus dieser resignierenden Haltung entstehen Fragen wie: „Kann man sich mit 50 noch verlieben?“ Als mir eine adrette Geschäftsfrau im besten Alter diese Frage stellte, antwortete ich mit einer Gegenfrage: „Kann man mit 50 noch lachen und weinen? Kann man noch wütend und aufgeregt sein?" Sie hat sofort verstanden. Solange man Gefühle hat, gibt es keinen Grund, sich nicht mehr verlieben zu können. Und wer aus früheren Beziehungen so verletzt ist, dass er nicht mehr lieben kann, braucht Hilfe.

Man könnte aber auf diese Frage auch mit der Gegenfrage antworten: „Ist der Papst katholisch?" Obwohl der jetzige Papst Benedikt XVI., Josef Kardinal Ratzinger, ein schlechtes Beispiel abgibt, denn er hat sich angeblich noch nie verliebt. Zumindest nicht offiziell. Das würde er sich selbst gar nicht erlauben. Er hat diesen speziellen Schalter schon vor Jahrzehnten umgelegt. Aber alle, die sich nicht zum Zölibat verpflichtet haben und (wieder) Single sind, können aufatmen. Ja, man kann sich auch mit 50 noch genauso verlieben wie mit 20. Und es ist genauso schön und es tut manchmal genauso weh wie damals. Aber das gehört zum Leben. Und genau das bedeutet intensiv leben. Wir haben doch mit 50 nicht verlernt zu leben und zu lieben!

Gewisse Einschränkungen gibt es allerdings doch. Samstagabend darf ich nicht mehr ins Kinocenter in meiner Nähe. Da geht meine Tochter nämlich meistens mit Freundinnen hin. Und dort den Vater zu treffen wäre sogar peinlich, wenn er so *cool* wäre wie Daniel Craig im neuesten Bond-Film. Aber selbst damit kann man ab 50 leben.

Die gute alte Zeit und was sonst noch nervt

Ich hatte es eilig. Schließlich bin ich jetzt 50 und will jede Sekunde meines Lebens nutzen. Und ich war zu spät dran. Nicht mit dem Leben, sondern für ein Meeting (ich weiß, das klingt wichtig). Ungeduldig hörte ich, wie der Typ vor mir an der Kassa wie nebenbei fragte: „Muss ich jetzt jedes Mal, wenn ich es einschalte, diese vier Zahlen eintippen?" Der junge Verkäufer starrte den Fragesteller ungläubig an. Es gab im Jahr 2009 tatsächlich noch Menschen, die ihr erstes Handy kauften! Dabei wirkte der Mann völlig normal. Er war um die 60 und nicht einmal besonders altmodisch gekleidet. Es gab auf den ersten Blick keine Begründung dafür, dass er den Anschluss ans 21. Jahrhundert verpasst hatte. Der Dinosaurier vor mir wirkte auch ziemlich ausgeglichen. So wie Leute eben sind, die bis jetzt kein Handy benötigten.

Der Verkäufer betrachtete den Mann genauer. Dann huschte plötzlich ein verständnisvolles – und gleichzeitig herablassendes – Lächeln über sein Gesicht. „Was man auch noch alles im Alter lernen muss", sagte das Bürschchen mit leicht sarkastischem Unterton. Geduldig begann er, die Funktionsweise eines Handys mit Informationen wie „Sie können hier sogar Nummern einspeichern und brauchen sie sich nicht mehr zu merken!" zu erklären, und ignorierte das immer heftiger werdende Murren in der Warteschlange.

Ich war unentschlossen, wer mich mehr nervte. Der Ersthandykäufer, der sich wie ein Zeitreisender aus dem Mittelalter benahm? Oder der Verkäufer, der ihn wie einen senilen Idioten behandelte?
Am meisten störte mich auf jeden Fall, dass ich nun mit Sicherheit zu spät zu meiner Besprechung kommen würde. Wie zum Hohn ging es um die Übertragung von Fernsehnachrichten aufs Handy. Ich konnte aber das Geschäft auch nicht ohne neues Ladekabel verlassen. Meines hatte ich nämlich dummerweise zu Hause vergessen. Hat nichts mit Demenz zu tun, das passiert auch jüngeren Semestern.
Als ich endlich an der Reihe war, beobachteten die etwas Jüngeren in der schon ziemlich langen Warteschlange hinter mir angespannt, ob ich als zweiter Methusalem für weitere Verzögerungen sorgen würde. Zur Ehrenrettung unserer Generation ließ ich beim Bezahlen nebenbei die Bemerkung fallen, dass ich mit dem Nachfolgemodell meines Handys relativ zufrieden bin, da es einige wirklich einmalige Sonderfunktionen hat. Der Verkäufer lächelte dankbar, aber etwas gequält. Und irgendwie hatte ich den Eindruck, dass er mich auch nicht ganz für voll nahm. Egal. Hauptsache die hinter mir wussten nun, dass der Handyneubesitzer zuvor völlig untypisch für meine Generation ist. Aber nicht auszudenken, wenn ich nicht zufällig in diesem Geschäft gewesen wäre! Meine Bemerkung war außerdem zur eigenen Sicherheit des jungen Verkäuferschnösels. Die sinngemäße Frage: „Kennen Sie sich denn damit auch aus?" hätte unkalkulierbare Reaktionen seines 50-jährigen gestressten Kunden hervorrufen können. Am liebsten hätte ich ihm auch noch erzählt: „Ich bin zwar schon 50, aber ich hatte bereits ein Handy, als die Dinger noch so groß waren wie Telefonhörer." Naja, weil's wahr ist.
Denn tatsächlich war es unsere Generation, die sich als erste

ein Mobiltelefon leisten konnte. Für unsere Kinder kauften wir die Dinger erst, als sie immer billiger wurden und es Wertkartenhandys gab. Das ersparte uns horrende Telefonrechnungen.

Wir sind es auch, die allen den Zutritt ins World-Wide-Web ermöglicht haben. Okay, nicht ich persönlich, aber ein paar talentierte Köpfe aus unserer Generation. Wir waren die Pioniere und haben die Technik erfunden, die heute von allen genutzt wird. Und dann behandeln uns manche aus der Internetgeneration, als ob wir alle grundsätzlich technische Analphabeten wären.

Mein Fernsehsender hat die Sendung *Google Trends* erfunden. Täglich werden jene Begriffe präsentiert, die in verschiedenen Ländern am häufigsten im Internet *gegoogelt* werden. Wer glaubt, dass sich nur junge Menschen im Internet informieren, irrt gewaltig. Die meistgegoogelten Begriffe, die im Vorjahr in Deutschland erhoben wurden, waren „Seitensprung", „Angela Merkel" und „Viagra". Klingt nicht unbedingt nach jugendlichen Themen. Seht, liebe Leute, Menschen mit *50plus* wissen, dass *Yahoo* und *Google* keine neuen Softdrinks sind.

Nein, sie nutzen die offene Tür in die Welt der Information und sind in den Partnerbörsen und Chats im Web aktiv. Man befragte 10.000 Paare, die in einer Zeitspanne von 18 Monaten in den Jahren 2006 und 2007 geheiratet hatten. Ein großer Teil der Frischvermählten – stolze 19 Prozent, also knapp ein Fünftel – hatten sich online kennen gelernt. Bei den 45- bis 51-Jährigen war der Anteil mit 31 Prozent aber deutlich am höchsten. Soviel zur befürchteten Vereinsamung durch das Internet. Ja, und es soll übrigens sogar schon Onlinescheidungen geben. Darüber gibt es aber noch keine Statistik.

Klar gibt es auch etwas seltsame Zeitgenossen in den besten Jahren. In einem Zugabteil kam ich mit einem New Yorker ins

Gespräch, der um die Welt reiste. Der Kosmopilot war um die 60 und hatte spannende Geschichten zu erzählen. Dann warnte er mich aber plötzlich ernsthaft vor Hackern im Internet und zitierte Gerüchte, die schon vor 20 Jahren lächerlich waren. Er hatte sich der modernen Technologie aus Angst vor Überwachung völlig verschlossen und mutierte so zum Sonderling. Der Weltreisende wirkte plötzlich alt. Er erwischte zwar seinen Anschlusszug in München, aber den Anschluss an die Gegenwart hat er leider vor einiger Zeit verpasst. Dann verriet er mir auch noch den wahren Grund für seine Reisen: Das pulsierende New York, die Stadt, die niemals schläft, nervt ihn so sehr, dass er sie verlässt, sobald er es sich finanziell leisten kann. Seine Motivation war Flucht vor der Gegenwart. Auch wenn es platt klingt: So lebt er in der Vergangenheit und hat keine Zukunft.
Wenn ich auch übersensibel auf Attacken gegen mein Alter reagieren mag: Auf den *50plus*-Seiten der Sonntagsmagazine finde ich immer wieder Anzeigen in riesigen Lettern, die mir vor allem den Einbau von Treppenliften, neue Potenzmittel und Wundertinkturen aus Algen oder Korallen gegen weiteres Verkalken anpreisen. Und wenn wir überteuerte Nahrungsergänzungsmittel kaufen, so die Werbeheinis für die Oldies, können wir sogar bis zu zwanzig Jahre älter werden. Wir brauchen das angeblich, da sich heute in einem Apfel nur mehr halb so viele Enzyme und Vitamine befinden wie früher. Seitdem esse ich immer zwei Äpfel statt einem. Problem gelöst. Ich sollte diese sensationelle Methode patentieren lassen.
Ja, und ich weiß auch bereits, dass Kürbiskernprodukte gegen Prostataprobleme helfen. An dieser Stelle ein herzliches Dankeschön. Das Zeug gibt es übrigens auch schon als Extrakt zum Bier beigemengt. Der Braumeister hat unsere Generation schon eher verstanden. Aber warum bekommen wir eigentlich

ständig ungewollte Gesundheitsratschläge und Antworten auf Fragen, die wir nie gestellt haben? Ich will nicht wissen, was ich schlucken muss, damit ich eine Krankheit nicht bekomme, von der ich zuvor noch gar nicht wusste, dass sie existiert. Liege ich denn falsch, wenn ich das Gefühl habe, dass zwischen Adonis und Methusalem offenbar kein Platz mehr für mich ist?
Ich gebe zu, dass einige aus meiner Generation in den vergangenen Jahren Raubbau an ihrer Gesundheit begangen haben. Synthetische Drogen waren in und neu, der Whiskey billiger und wir rauchten alles, was uns in die Finger kam. Aber das Hauptinteresse von uns Überlebenden gilt deswegen nicht Vorsorguntersuchungen und Rheumaprophylaxe. Wenn wir krank sind, gehen wir zum Arzt. Ansonsten wollen wir vor allem darüber informiert werden, wie wir unser Leben nach dem fünfzigsten Lebensjahr optimal nutzen können.
Mit welcher Begründung behauptet jemand eigentlich, dass ausgerechnet mit 50 das Altern beginnt? Der menschliche Körper baut bereits ab dem dreißigsten Lebensjahr kontinuierlich ab. Einige versuchen, diesen Abbau mit ungesundem Lebensstil zu beschleunigen. Sie stellen sich eben nicht zuallererst die Frage: „Wie alt werde ich?“ und kalkulieren die verbleibenden Lebensjahre. Es geht ihnen vor allem darum: „Wie werde ich alt?“ Sie wollen das Leben – solange es geht – in vollen Zügen genießen.
Und die Sache mit den todsicheren Mitteln gegen das Altern hat sowieso einen fiesen Haken. Der Hersteller ist in einer Win-Win-Situation. Stirbt jemand lange nicht, dann behauptet er, dass sein Produkt wirkt. Und wenn der Käufer stirbt, kann er sich erst gar nicht beschweren. Ein todsicheres Geschäft für beide Seiten.
Das Jammern liegt vor allem den Wienern besonders. Aber auch anderswo wird von alten Menschen immer wieder be-

hauptet, dass früher alles besser gewesen wäre. Ich finde, dass vieles besser geworden ist. Zum Beispiel die Sache mit dem Telefon. Ich brauche kein Kleingeld mehr für Telefonzellen, weil es fast keine mehr gibt. Das ist zwar schade, weil ich mich nicht mehr darauf ausreden kann, dass ich nur deshalb nicht angerufen habe, weil ich kein Kleingeld hatte. Dafür erfahre ich täglich viel Interessantes über das Privatleben anderer Menschen, wenn sie in Cafés und Restaurants, in Straßenbahnen und in Warteräumen, in Aufzügen und öffentlichen Toiletten – Männer können das sogar beim Stehpinkeln – telefonieren. Der Pauli hat mit der Susi Schluss gemacht, weil sie eigentlich den Egon liebt. Der Kater Bobby hatte einen Bandwurm und wird morgen kastriert. Der neue Chef von Kathi kauft sich einen neuen Jaguar, aber sie bekommt keine Gehaltserhöhung. Früher hätte ich niemals solch weltbewegende Dinge aus dem Leben mir fremder Menschen erfahren.
Ich jammere auch dem „guten alten Schilling" und der „harten D-Mark" nicht nach. Der Euro hat so viele Vorteile. Ich begreife nun endlich, wie gnadenlos ich in Venedig von den Kellnern abgezockt werde. Und entdecke, ohne umrechnen zu müssen, dass das Olivenöl aus dem Dutyfreeshop am Flughafen der griechischen Insel im heimischen Supermarkt billiger gewesen wäre. Wie gesagt – vieles ist besser geworden.
Becca Levy und Martin Slade von der Yale University befragten 1978 für eine Langzeitstudie in einer Kleinstadt in Ohio mit 660 Teilnehmern im Alter von 50 über ihre Lebenseinstellung. Es gab zwei Optionen: „Je älter ich werde, desto schwerer fällt mir alles" oder „Im Alter wird vieles einfacher. Ich fühle mich noch genauso fit wie früher". Zwanzig Jahre später stellte man dann fest, dass jene, die Letzteres ankreuzten, durchschnittlich siebeneinhalb Jahre länger lebten als die erste Gruppe. Dabei spielte der Gesundheitszustand genauso

wenig eine Rolle wie die Frage, ob sie Single waren oder in einer Partnerschaft lebten. Also bleiben wir positiv. Es geht uns gut. Auch und ganz besonders dann, wenn wir endlich 50 geworden sind.

Die *Freschen* trauern nicht der „guten alten Zeit“ nach. Denn die Forschung entwickelt sich ständig weiter und lässt – zumindest in den Industriestaaten – immer höhere Lebensqualität bei steigendem Alter erhoffen. Wir sind die Nutznießer der Vergangenheit. Niemand möchte heute zu einem Zahnarzt, der noch nie etwas von Narkose gehört hat. Wenn ich meine Beißerchen behandeln lasse, sage ich meinen Kollegen stets, dass ich zu einem Termin gehe, wo mir eine hübsche junge Frau eine halbe Stunde schweigend in die Augen blickt. Das ist wahr. Die Zahnarztassistentin hat sogar schon einmal meine Hand gehalten, als die Spritze noch nicht völlig wirkte.

Oder vermisst jemand die Zeit, als Briefe noch mit der Pferdekutsche gesandt wurden? Vielleicht wäre zwar ein handgeschriebener Liebesbrief wieder einmal eine tolle Sache. Den bekomme ich aber sicherlich nicht dann, wenn ich die Welt nur negativ sehe. Denn wer soll sich schon in so einen Alten verlieben? Sie haben richtig gelesen. Ich benutze das Wort *Alter*. Denn Menschen, die alles Neue automatisch verdammen, sind uralt. Auch wenn sie noch gar keine 50 sind. Wer nicht am Geschehen um sich herum teilnimmt, altert blitzschnell. *Fresch* sein bedeutet, auch großzügig und tolerant gegenüber jenen zu sein, die es besser haben, als wir es früher hatten. Also allen.

Ab sofort ist auch Schluss mit Nörgelei nach dem Motto: „Wozu brauche ich ein Handy, mit dem ich fotografieren kann?“ Okay, manche brauchen es vielleicht nicht, aber Millionen sind begeistert, weil sie so jederzeit unvergessliche

Momente festhalten können. Meine Tochter hat mich zum Beispiel fotografiert, als mich ein Schwan attackierte, weil ich versehentlich zu nahe an sein Nest schwamm. Es sind tolle Bilder von mir im Kampf gegen das Ertrinken, die sie auch ihren besten Freundinnen sandte. Mit manchen Handys hätte sie höchstens die Rettung rufen können. Das hat aber dann sowieso der Wirt des Strandrestaurants gemacht.
Ja, einigen Promis geht diese Handyfotografiererei mit Recht auf die Nerven. *Shaggy* (falls Sie ihn nicht kennen – den hören Ihre Kids und einige ganz junge Alte gerne) jammerte in der Society-Sendung *VIP-Lounge*, dass er in keine Disco mehr gehen könne, da er überall mit Handys fotografiert werde. „Das dauert dann elendig lange“, lamentierte er, „sie finden den Auslöser nicht oder das Bild ist verwackelt oder der Blitz geht nicht los. Es ist ein Frust für mich, den ganzen Abend dauernd posieren zu müssen.“ Die Einzigen, die mich seit Jahren blitzen, sind die Radargeräte auf der Autobahn. Manche von uns sind überhaupt gern zu schnell unterwegs. Aber das ist eine andere Geschichte.
Und dezente Hinweise darauf, dass wir deswegen vermutlich gerade nach der Midlife-Crisis eine Latelife-Crisis durchmachen, regen uns auch mehr auf, als unserem Herzen gut tut. „Kaufst dir jetzt auch eine Harley Davidson?“, fragte meine Teenagertochter als ich mit den *coolen* Doc-Martens-Schuhen auftauchte. „Nein, ich gebe lieber woanders Gas“, habe ich schlagfertig geantwortet. Ich finde es ziemlich kindisch für ihr Alter, dass sie darauf ihre Augen vielsagend nach oben verdrehte.
Unter uns – ich habe wirklich schon einmal darüber nachgedacht, mir eine Harley zuzulegen. Aber ich habe keine Lust, bei diesem Pseudomotorrad alle 1000 Kilometer die locker gewordenen Teile wieder festziehen zu müssen. Solche Verrenkungen tun meinen Bandscheiben nicht gut. Angeblich

eine ziemlich lässige Fehlkonstruktion – dieses Bike, nicht ich. Selbst wenn ich mir eine Harley zugelegt hätte, wäre es doch kein Anzeichen einer Krise! Wenn ich jetzt endlich mache, was mir schon immer Spaß gemacht hätte, finde ich das ziemlich vernünftig. Ich glaube, meine Tochter hat nur Angst, dass sie dann auch bei Schlechtwetter auf dem Sozius mitfahren muss. Und der Helm zerstört wahrscheinlich ihre neue Frisur. Zu unserer Zeit gab es noch keine Helmpflicht, da wehten die Haare *cool* im Fahrtwind. Und als ich jung war, musste man auch noch keinen Sicherheitsgurt im Auto anlegen. Das waren noch Zeiten! Glücklicherweise ist jetzt alles viel besser. Die eigenen Kids fordern einen heutzutage schon auf, den Gurt anzulegen. Zumindest meine Tochter. „Anschnallen!", sagt sie, seit sie der Sprache mächtig ist. Ich bin sicher, der diesbezügliche Drill beginnt schon im Kindergarten. Wahrscheinlich hat man sie folgendermaßen konditioniert: „Wollt ihr auch einmal euren Eltern etwas anschaffen?"

Da haben Mama und Papa fünfzehn Jahre lang – immer brav angeschnallt – die Kids mit der Familienkutsche zuerst in den Kindergarten, dann in die Ballettschule oder ins Judotraining und später in die Disco chauffiert. Wenn die lieben Kleinen mit 16 selbst das Fahren lernen wollen, bekommen wir auf dem Beifahrersitz die ersten grauen Haare. Mit schleifender Kupplung versuchen sie mit 80 unvermittelt in den Retourgang zu schalten. Aber wozu haben wir denn sonst ein eigenes Auto? Die Harley vom Vater dagegen bringt einem in diesem Alter gar nichts.

Eins wird hier festgeschrieben: Die wahren Bedürfnisse der *Neuen Alten* werden noch nicht richtig erkannt. Schleichender Altersrassismus greift um sich. Es ist wie in unserer schwierigen Jugendzeit. Da wollten uns die Alten nach 1968 nichts erlauben, was Spaß macht. Ich meine, wir sind schon wieder

in einem schwierigen Alter. Aber zum Glück sitzen wir diesmal am längeren Ast. Obwohl länger ist er eigentlich nicht mehr. Das ist es ja. Wir müssen die Zeit nutzen und unser Leben genießen mit allen Möglichkeiten, die uns zur Verfügung stehen. Ab jetzt bestimmen wir selbst, was richtig und wichtig für uns ist.
Meine Tochter fragt gerade, ob ich sie und eine Freundin ins Kino fahren kann. Allerdings wäre sie dankbar, wenn ich dabei keine meiner alten CDs abspiele und vor allem nicht laut mitsinge. Dafür geht sie nächste Woche auch mal mit mir in der Dunkelheit joggen. Keine Ahnung, warum wir das nicht am Morgen machen können – aber abgemacht. Ich habe das Girl und mein Leben ziemlich gut im Griff.

Wie alt darf ich aussehen?

Ich entdeckte es am 4. Juni 2004 beim Blick in meinen Badezimmerspiegel. Es war weiß und befand sich ungefähr drei Grad, fünf Minuten nordöstlich meiner linken Brustwarze. Das erste ergraute Brusthaar. Ich unterdrückte einen Aufschrei, griff nach der Rasierklinge – und zögerte. Vielleicht würde es dann später noch kräftiger und weißer nachwachsen? Mit einem energischen Ruck riss ich die offensichtliche Pigmentstörung – um etwas anderes konnte es sich bei meinen jugendlichen 46 nicht handeln – aus meinem durchtrainierten Oberkörper. Leider schien dieses defekte Haar auch andere angesteckt zu haben. Zwei Jahre später sah mein Brustkorb nach regelmäßigen Radikalentfernungen wie kahl rasiert aus. Knapp bevor ich zu einem bekennenden männlichen Vorreiter des Epilierens wurde, vertraute mir eine Bekannte an, dass sie ergraute Brusthaare unglaublich sexy fände. Das hat natürlich nicht das Geringste damit zu tun, dass ich ab dann der Natur freien Lauf ließ. Ich finde, zum Fünfziger gehören einfach einige graue Haare – bei Männern. Wir leben in einem Zeitalter, wo nichts so *uncool* ist wie unsexy zu sein.

65 Prozent aller Österreicher sind der Ansicht, dass gutes Aussehen nicht nur das Selbstwertgefühl steigert, sondern auch dabei hilft, die Karriereleiter schneller zu erklimmen. Als ich pubertierte, trugen emanzipierte Frauen noch lila Latzhosen und flache Schuhe, liefen ungeschminkt mit offenen Haaren

und ohne BH herum. Heute begegnen mir diese emanzipierten Frauen im Businessoutfit von Armani mit Gucci-Handtasche, High Heels und lackierten Finger- und Zehennägeln. Und das tun sie nicht nur, um im Job weiterzukommen, sondern auch für mich. Nun ja, nicht so direkt für mich. Aber grundsätzlich für den männlichen Anteil an der Gesellschaft. Manche Damen behaupten zwar, dass sie sich zuallererst für sich selbst schön machen und dann erst für die anderen. Das stimmt sicher. Nur in umgekehrter Reihenfolge. Und da gibt es noch eine verzerrte Sicht der Damenwelt. Den Männern fällt das meiste nämlich in Wahrheit gar nicht auf. Aber sie sind wachsamer geworden. Denn wenn sie übersehen, dass ihre Partnerin beim Friseur war oder ein neues Kleidungsstück trägt, sind sie in ernsthaften Schwierigkeiten. Manche Ladies verzeihen es – nach einigen Wochen –, wenn man den Hochzeitstag vergisst. Aber wenn er die neuen Schuhe nicht bemerkt, werden sie wirklich ärgerlich.

Als ich aus unglücklicher Fügung vorübergehend Chefredakteur eines Lifestyle-Magazins wurde, gab ich nach solch einem Erlebnis allen liierten Redakteurinnen eine Hausaufgabe mit – war so etwas wie eine kleine Rache am anderen Geschlecht: Ich bat sie, ihren Partner am nächsten Morgen zu fragen, welches Kleid und welche Schuhe sie am Vortag trugen und ob sie Lippenstift aufgetragen hatten. Zwei Beziehungen gingen in die Brüche. Ich bin sicher, sie waren sowieso nicht besonders stabil. Das Experiment habe ich aber vorsichtshalber nie mehr wiederholt.

Ein weiteres Schlüsselerlebnis in Bezug auf die weibliche Psyche hatte ich in – oder besser vor – der Amberlounge in Monte Carlo. Einmal im Jahr findet in Monaco die exklusive Formel-1-Party statt, wo sich internationale Promis die Türklinke in die Hand geben. Es war extrem schwierig gewesen,

die begehrten Einladungen für diesen High-Class-Event zu ergattern.
Und nun wartete ich bereits eine Viertelstunde vor der Bar auf meine weibliche Begleitung. Ich hörte sie, bevor ich sie sah. Das laute Klack-Klack von Stöckelschuhen verstummte plötzlich, und ein wütender kurzer Aufschrei folgte. Als ich in Richtung Verzweiflungsschrei blickte, balancierte Sandra auf einem Stöckelschuh und versuchte gerade, mit beiden Händen dem Kopfsteinpflaster den zweiten Schuh zu entreißen. Sie hatte nur teilweise Erfolg. Der Stöckelschuh war zum Schuh geworden, denn der Stöckel hatte sich vom Schuh getrennt. Und war damit eigentlich noch weniger als ein Schuh.
Nur 150 Meter trennten uns von dem Event. Ich hörte aus der Ferne, wie Flavio Briatore als DJ agierte und schnupperte das mediterrane Buffet. Fürst Albert stieg gerade aus seiner Limousine.
„Barfuß ist irgendwie ziemlich abgefahren", versuchte ich zu retten, was zu retten war, „aber ein Schuh geht auch. Das hat so einen Cinderellaeffekt." Ihr Blick überzeugte mich, ab jetzt besser zu schweigen. Das Hotelzimmer mit Reserve-High-Heels war eine Dreiviertelstunde Autostau entfernt.
Dazu kam eine halbe Stunde Wartezeit in der Lobby, während sich Sandra umzog. Das andere Paar passte nämlich farblich nicht zum Abendkleid. Beim zweiten Versuch, in die Welt der Reichen und Schönen abzutauchen – drei Stunden später – mussten alle Kopfsteinpflaster vermieden werden. Mein Angebot, sie ins Lokal zu tragen, brachte mir einen zweiten dieser Spezialblicke ein. In der Amberlounge waren dann gerade noch einige B-Promis und Reste vom Nachspeisenbuffet übrig geblieben.
Erst am nächsten Tag wagte ich meine 35-jährige Begleitung zu fragen, warum sich Frauen eigentlich in Schuhe, die unbe-

quem, gefährlich und teuer sind, zwängen. Die Antwort im *Männer-verstehen-das-nicht*-Unterton lautete: „Sie machen einen schlanken Fuß". Ich schluckte: „Du hast 53 Kilo und deine Füße sind gertenschlank!" Diesmal war der mir zugedachte Blick eher in Richtung „hoffungsloser Fall" zu deuten. Ein gutes Jahr später zeigte mir ein Redakteur im Internet ein Schulungsvideo für das Gehen mit High Heels. Wir Männer lachten Tränen. Die Damen der Redaktion lachten nicht, sondern waren so begeistert, dass wir Ausschnitte davon sendeten. Scheinbar sind sich Frauen in der Überzeugung einig, dass hohe Stöckelschuhe eleganter, schlanker, begehrlicher und summa summarum auch jünger machen. Hmmm. Die Schauspielerin Christine Neubauer (auch schon 46) argumentiert sogar: „Man sieht mit hohen Schuhen einfach immer glamourös aus, die Silhouette wird schlanker und man bewegt sich automatisch weiblicher". Allerdings hat die Quotenqueen des deutschen Fernsehens auch immer – gab auch wenig Alternative – den Begriff *Vollweib* gut gepolstert und gerundet in ihren Rollen verkörpert. Sie macht auch ohne Modelmaße eine gute Figur und verteidigt ihre überschüssigen Kilos seit Jahren konsequent. Applaus. Die verrückteste Theorie fand ich im Internet unter dem Titel *Guter Sex durch höhere Absätze.* Die Urologin Maria Cerrutto hat Frauen unterschiedlichen Alters mit verschieden hohen Absätzen auf eine Vibrationsplatte gestellt. Elektronisch wurde dann festgestellt, dass sich der Beckenboden schon bei höherem Schuhwerk ab fünf Zentimetern entspannt und dadurch die Muskulatur gestärkt wird. Und damit auch der Sex besser. Ich vermute hier nur einen Trick, damit wir Männer mehr Verständnis aufbringen. Denn die simple Argumentation: „Mit High Heels wirke ich jünger und sexy" überzeugt die analytisch-lösungsorientiert denkenden Herren der Schöpfung nicht auf Anhieb.

Beim Thema Schönheit werden offenbar schon in der Jugend die Weichen falsch gestellt, die uns beim Älterwerden in die falsche Richtung abzweigen lassen. Mit 30 wollen wir aussehen wie 20, mit 40 wie 30 und mit 50 dann wie 40. Don Quichottes Kampf gegen Windmühlen war da meiner Meinung nach aussichtsreicher. Im besten Fall ist es eine gewonnene Schlacht in einem verlorenen Krieg. Denn Fakt ist – irgendwann einmal sehen wir so alt aus, wie wir gerade sind. Es wäre also besser, das erreichte Alter zu genießen. Doch es ist noch immer wahr, was Oscar Wilde in *Das Bildnis des Dorian Gray* philosophiert. „Solange eine Frau zehn Jahre jünger aussehen kann als ihre eigene Tochter, ist sie völlig zufrieden". Der irische Schriftsteller starb völlig verarmt in einem Pariser Hotel. Er war gerade einmal 46 geworden. Und hatte daher noch keine Ahnung, wie es mit 50 ist. Und erst recht keinen Schimmer, wie wir heute, über 100 Jahre nach seinem Tod, ticken. Aber er hat gut beobachtet und ist mit seinem Sager auch heute noch aktuell.

Der Wunsch, jünger auszusehen, ist zwar so alt wie die Menschheit selbst, aber erst heute gibt es Lifting, Brustvergrößerung, Nasenkorrektur und Fettabsaugung. Vor 45 Jahren wurde in Texas das erste Silikonimplantat eingesetzt. Doch heute können sich das eben nicht nur die Superreichen leisten. 35.000 deutsche Frauen und 2.000 Österreicherinnern lassen sich jährlich die Brüste vergrößern. Fettabsaugungen und Bauchstraffungen sind überhaupt gang und gäbe. Als Beweggrund gibt die Hälfte der Frauen an, von Darstellungen in den Medien beeinflusst zu sein. Ein gutes Viertel fühlt sich vom Partner oder von Freundinnen dazu „ermutigt".

Die Austrian Academy of Cosmetic Surgery (AACS) berichtet von 40.000 Operationen jährlich allein in Österreich. Jede Vierte kann es sich zumindest vorstellen, und acht Prozent haben schon einen kosmetischen Eingriff hinter sich. Und es wird bald noch dicker, beziehungsweise dünner kommen. Jeder fünfte Mann zieht bereits eine Schönheitsoperation in Erwägung. Und in Deutschland und Österreich sind 15 Prozent der schönheitschirurgischen Klienten Männer. Älter werden ist übrigens auch nicht billig – und schon gar nichts für Feiglinge. Mir wird schon schwindlig, wenn ich einen Operationssaal im Fernsehen sehe. Aber Schönheitsoperationen interessieren offensichtlich fast jedermann – im wahrsten Sinn des Wortes. Und nicht alle Männer, die wissen, was ein Kaltlichtlaser für die Augenfalten bewirken kann, sind homosexuell.

Zeitgleich hat Botulinumtoxin – als Botox verniedlicht – einen weltweiten Siegeszug angetreten. Amerika hat hier wieder einmal die Vorreiterrolle übernommen. Eine halbe Million Amerikaner unter 34 lässt sich bereits Botulinumtoxin spritzen – viele davon schon mit zarten 19. Bekannte Modeärzte empfehlen Botox schon ab 30, damit Mimikfalten erst gar keine Chance bekommen. Soll mit 50 niemand merken, dass wir gelacht, geweint und gelebt haben? Prophylaktische Spurentilgung und maskenhafte Schönheit. Ist das wirklich anziehend? Die meisten Männer verneinen das im Hinblick auf Frauen. Aber viele überlegen sich dann heimlich – so wie ich – für sich selbst eine kleine Lidkorrektur. Einfach weil wir jünger aussehen wollen. Und es sagt eben auch viel zu selten jemand zu uns: „Ich finde deine hängenden Lidfalten ziemlich erotisch!" Ich vermute, Frauen denken da ähnlich.

Seltsam finde ich, dass die Schönheitsjunkies vor allem immer jünger werden. *Star Academy* – die libanesische Version von *Deutschland sucht den Superstar* – half in dem kriegsgeschüttelten Land kräftig mit, dass große Brüste, aufgespritzte Lippen und niedliche Nasen heute hoch im Kurs stehen. Vier Millionen Einwohner stehen 1,5 Millionen Schönheitsoperationen und 10 Millionen Botoxbehandlungen gegenüber. Auch viele Frauen zwischen 45 und 56 sind dabei, aber die lassen sich vor allem nur die Wangen aufpolstern. Dr. Volker Ewerbeck – Präsident der deutschen Gesellschaft für plastische Chirurgie in Heidelberg – fordert eine gesetzliche Regelung von kosmetischen Eingriffen bei Jugendlichen. Denn jeder vierte Patient ist bereits zwischen 15 und 25 Jahren alt und jedes fünfte Kind träumt schon von einer neuen Nase oder einem größeren Busen.

Dabei glaube ich, dass alles ein riesiger Irrtum ist. Denn wer bestimmt, was für den anderen schön ist? Geschmäcker sind verschieden, denn sonst würde jeder die gleiche Kleidung tragen und die Wohnungen würden alle ähnlich aussehen. Tun sie aber nicht. Warum sollten also alle auf denselben Frauentyp oder dasselbe Mannsbild scharf sein?

Außerdem hat jede Zeit ihre Trends. Die perfekte Nase war früher sicherlich kein Stupsnäschen. Und ein Rubensbild mit magersüchtigen Models ist unvorstellbar. Aber vollbusige Schönheiten magerten in den Siebzigern zu Twiggy-Bohnenstangen ab. Die Brüste wurden flach und die Knochen standen hervor. Jede Zeit hatte ihr eigenes Schönheitsideal.

Nur die Jungen ohne Lebenserfahrung passen sich sofort jedem Zeitgeist an. Die *Neuen Alten* haben das nicht mehr notwendig. Sie wissen, wer sie sind. *Fresche* 50. Golden Boy Robert Redford (auch schon 70) erklärte, dass er reife Frauen nur dann sexuell attraktiv findet, wenn sie nicht zuviel an sich rumschnippeln lassen, um den natürlichen Alterungsprozess aufzuhalten. Aber wenn schon Operation, dann lasst uns Männer bitte zumindest darüber im Dunkeln. Bindet sie uns doch nicht auch noch auf die unoperierte Männernase! Wir haben panische Angst davor, ein Brustimplantat aus Silikon zu erfühlen … ehrlich!

Zumindest da sind wir Männer vorbildhaft, denn Schönheitsoperationen geschehen bei uns so gut wie immer heimlich. Aber wir sind nur Nachahmungstäter. Mit 42 sprang ich auf der Insel Zypern in das Wasser der angeblich verjüngenden Quelle der Aphrodite. Aber erst als alle mich begleitenden Damen nach unserer Wanderung auf Akamas darin zuvor ausführlich gebadet hatten. Vielleicht hat auch Hollywoodstar Sharon Stone darin geplätschert. Mit 49 behauptete sie: „Wenn ich Fotos von mir als 20-Jährige sehe, finde ich mich heute schöner." Das hindert die geschäftstüchtige Schauspielerin jedoch nicht daran, für die Anti-Aging-Linie einer Kosmetikfirma zu werben. Klar, mit Pickelcreme für Teenager kann man sich bei der heutigen Bevölkerungspyramide keine goldene – oder neue – Nase mehr verdienen. Aber jetzt ist sie – so wie die attraktive Michelle Pfeiffer – auch 50 geworden. Und vielleicht weiß die es schon länger: Die *Neuen Alten* sind durch entspannte Gelassenheit jugendlich, und die teuren Cremen schmieren sie nur zur Sicherheit. Man kann schließlich nie wissen, ob es nicht doch vielleicht hilft. Obwohl zwei Liter Wassertrinken am Tag der Haut sicherlich mehr bringen würde. Aber die ungeschminkte Wahrheit für *50plus*-Ladies ist: Ihre erotische Reife macht sie sexuell attraktiv. So zumindest die gar nicht graue Theorie. Pro-Age statt Anti-Aging. Aber es gibt noch eine bessere Methode zur Verjüngung. Sogar gratis!
Der Psychologe David Weeds vom Edinburgh Royal Hospital hat 16 Jahre lang 3.500 Europäer und Amerikaner befragt und herausgefunden, dass Sex jung hält. Alle Teilnehmer, die um ein Jahrzehnt jünger wirkten, als sie waren, kamen mindestens dreimal in der Woche zur Sache. Zwischen einem erfüllten Sexualleben und jüngerem Aussehen gibt es also einen wissenschaftlich bewiesenen Zusammenhang. Allerdings laut Weeds nur dann, wenn nicht dauernd die Partner gewechselt

werden. Sex funktioniert nur in einer festen Beziehung als Anti-Aging-Therapie. Schlechte Nachricht für alle, die sich mit One-Night-Stands ihren jugendlichen Status bestätigen lassen. Bei allen anderen werden aber die Glücksbringer Beta-Endorphine beim Sex im Körper freigesetzt. Die ausgeschütteten Hormone entfalten teilweise erst im Schlaf ihre positive Wirkung. Viele Männer wissen das bereits intuitiv und schlafen nach dem Sex auf der Stelle ein.

Wie man sieht, haben wir Männer viel dazugelernt. Im Mittelalter waren wir noch bunt angezogen wie die Gockel. Im Tierreich ist es auch der Pfau, der sein Rad vor der graubraunen Pfauenhenne schlägt. Und in der Natur werden alte männliche Tiere verstoßen, wenn sie nur mehr fressen, aber keinen Nachwuchs mehr produzieren können. Vielleicht steckt etwas von dieser Urangst noch in uns? Das wäre eine Erklärung dafür, dass wir auch für Schönheitsoperationen anfällig sind.

Im Kindergarten lernten wir noch, dass es darum geht, wer der Schnellste, Stärkste, Mutigste und manchmal auch wer der Klügste ist. Doch man versuchte uns im Lauf von 50 Jahren – einige sind in dieser Zeit sogar erwachsen geworden – einzureden, dass es auch für uns wichtig ist, der Schönste zu sein. Das ist neu. Mittlerweile wissen schon zu viele Männer, dass Eau de Toilette und Aftershave aus der gleichen Produktserie stammen sollten, reagieren panisch bei ersten Altersflecken (wer hat diese Bezeichnung überhaupt erfunden?) auf den Händen und tragen Toupets, die selbst im Smog und in hundert Metern Entfernung aussehen wie ein schlecht sitzendes Vogelnest. Was hat nur der Jugendkult aus uns gemacht?

Die Schönheitsindustrie steuert da schon etwas in eine andere Richtung. Der Kosmetikkonzern *Nivea* hat die kaufkräftigen Frauen zwischen 50 und 64 entdeckt und Produkte für *reife*

Haut auf den Markt geworfen. Und auch *Dove* versucht seit einigen Jahren die *Pro-Ager* durch Werbekampagnen mit grauhaarigen Models zu ködern. Der Konzern hat bei einer weltweiten Studie herausgefunden, dass sich nur zwei Prozent der dreitausend befragten Frauen als „schön" beschreiben. Sie sind daher nun alle potenzielle Opfer einer Industrie, die sich ihrer Verschönerung widmet. Die furchtbare Krankheit Cellulite wird bekämpft, als handle es sich um eine neue Pesterkrankung. Stutenmilch, Braunalgen, Trüffelextrakte, Yamswurzeln, Boretschsamenöl – alles in kleinsten Mengen zu Höchstpreisen – soll helfen, die beiden wichtigsten Wünsche der Menschheit wahr zu machen: lang zu leben und dabei jung zu bleiben.
Manche trainieren sich nach dem Vorbild der 50-jährigen Madonna den Körper sehnig. Obwohl sie nicht stundenlang auf einer Bühne performen müssen. Frauen kneifen sich zu Hause in die Wange und beobachten, wie schnell die Haut wieder in Form kommt. Ein Besenreiser in der Kniekehle ruft Panikattacken hervor. Sie bleichen oder bräunen – je nach Körperstelle – und kaufen sich Kleidung eine Größe kleiner, um sich selbst zum Abnehmen zu motivieren. Die Tipps und Tricks werden schnell zu Ticks.
Sogar Udo Jürgens geht seit Jahrzehnten so gut wie nie in die Sonne, um Falten zu verhindern. Aber wer der ewigen Schönheit hinterherläuft, wird nicht zum Ziel kommen. Das Leben ab 50 ist zu kostbar, um es mit Operationen und Faltenanalysen zu vergeuden. Das Leben genießen ist jetzt angesagt, und – so banal es klingen mag – wahre Schönheit kommt von innen und macht ziemlich sexy. Übrigens merkt man gerade daran, dass man älter wird, wenn einem gesagt wird, wie jung man aussieht. Bringt also wenig bis gar nichts, wenn man sich abmüht, einige Jährchen rein optisch zu kaschieren …

Ausstrahlung ist eben etwas, das man nicht kaufen kann, und nur sehr wenigen in die Wiege gelegt wird. Das Barrique-Charisma reift im Leben wie guter Rotwein in alten Eichenfässern. Wer mit 50 noch nicht charismatisch ist, kann und sollte es in den nächsten Jahren noch werden. „Sei du selbst" ist ein guter Anfang. Ich mag den Song *I am what I am.* Als ich den Refrain vor kurzem zu Hause in den Badezimmerspiegel summte (und dabei die grauen Brusthaare einfach ignorierte), nickte meine Tochter im Hintergrund. Keine Ahnung, warum sie dazu so gekünstelt theatralisch seufzte. Sie hat doch noch 36 Jahre Zeit so zu werden wie ich.

Es ist Zahltag

„Gut, dass ich letzten Monat noch die Taschengelderhöhung bekommen habe“, sagte meine warmherzige Tochter, als ich ihr erklärte, welche katastrophalen Auswirkungen die weltweiten Verluste an der Börse auch für mich hatten.
Glücklicherweise bin ich bereits krisenerprobt. Ich bekam schon vor Jahren regelmäßig Anrufe von angeblichen Freunden, die sich interessiert erkundigten, welche Aktien ich gerade erwerbe oder verkaufe. Erst viel später erfuhr ich, dass sie das nur in Erfahrung bringen wollten, um selbst genau einen solchen Kauf zu vermeiden. Mein unglückliches Händchen an der Börse hatte sich also herumgesprochen.
Typisches Beispiel für eine meiner Fehlinvestitionen war die japanische Hikari Tsushin Aktie, die nur einen Tag nach meinem Ankauf – war eine Expertenempfehlung – senkrecht ins Bodenlose abstürzte. Ich nannte sie ab da nur mehr die Harakiri-Aktie. Jahrelang wartete ich, dass sie sich wieder etwas erholen möge. Dann resignierte ich und verkaufte sie mit Riesenverlust. Sie erraten es – am nächsten Tag stieg sie wieder. Aber das war für meine Verhältnisse noch immer ein guter Deal. Denn viele meiner anderen Aktien wurden über Nacht völlig wertlos. Der Börsencrash 2008 nach der Pleite der Investmentbank Lehman Brothers vernichtete meine bescheidenen Restbestände. Doch diesmal hatte es nicht nur mich erwischt. Ein schwacher Trost – aber immerhin.
Die massiven Verluste wurmten mich zuerst einmal mächtig.

Was hätte ich mir mit dem verspekulierten Geld alles leisten können! Der Traum von einer Reise in das erste Basislager am Mount Everest wäre finanzierbar und danach sogar noch einige Wochen in der Südsee zur Erholung möglich gewesen. Stattdessen ließ ich mich von gerissenen, hinterhältigen, geldgierigen, halbkriminellen, schmierigen – wie kommen Sie darauf, dass ich es noch nicht ganz verkraftet habe? – Börsenhaien über den Tisch ziehen. Aber man kann nicht nur bei Aktien aufs falsche Pferd setzen. Eigentlich ist alles, was uns Geld kostet, aber nicht wirklich Freude macht, eine totale Fehlinvestition. Spätestens mit 50 sollte uns das klar sein.
Im Land der unbegrenzten Möglichkeiten (immerhin wurde jetzt endlich dort ein Afroamerikaner zum Präsidenten gewählt und das ist nun wirklich schon fast wie ein verheirateter Papst) sind die *Selpies* (Second Life People) bereits eine fixe Größe. Sie investieren in die Person, die ihnen ehrlicherweise am wichtigsten ist. Sich selbst. Und geben *ihr* Geld für die Erfüllung *ihrer* Träume aus. Wäre ja schon grundsätzlich logisch. Auch bei uns in Europa ist dieser Trend unübersehbar im Kommen. „Das Streben nach Genuss und Lebensfreude äußert sich nicht zuletzt darin, dass dieser Bevölkerungsgruppe 40 Prozent des Sekt- und Weinkonsums zugerechnet wird“, erklärt Dr. Wolfgang Adlwarth von der deutschen Gesellschaft für Konsumforschung (GfK), „sie ist heute gesünder denn je, sie ist aktiver, sie nimmt bewusst am Leben teil und genießt den Augenblick“. Er organisierte die erste „richtige Messe zur richtigen Zeit“ für das Leben ab 50 im März 2009 in Nürnberg. Seine Organisation weiß, dass im Jahr 2017 bereits über 45 Prozent der Deutschen über 50 sind. Heute sind laut GfK schon 38 Prozent (knapp 32 Millionen) der rund 82 Millionen Einwohner über 50 Jahre alt – wobei ein Viertel davon über 60 ist.

Und sie geben ihr Geld gern aus. „Jeder zweite Konsumeuro wird von Menschen ab 50 ausgegeben", weiß der Generationen-Experte Andreas Reidl. Das Einkommen der Menschen über 60 liegt in Deutschland bei 400 Milliarden Euro – das ist ein Drittel der gesamten deutschen Kaufkraft. Diese *Generation Gold* verfügt über ein weit höheres frei verfügbares Einkommen als Jüngere. Und gibt es nun für die schönen Dinge des Lebens aus. Ohne Rücksicht auf Verluste. Warum auch nicht?

Marketingexperten und Werbestrategen beginnen, jetzt diese Zielgruppe ernster zu nehmen. Im Printbereich gibt es immer mehr Magazine, die nur für *Best Agers* produziert werden. Jeden Monat werden neue Produkte auf den Markt gebracht. Aber andere Medien reagieren noch viel zu langsam auf die rasante Entwicklung. Es stehen noch immer einige Dinosaurier im Weg. So orientiert sich fast jeder Fernsehmacher gezwungenermaßen an der *werberelevanten Zielgruppe*. Insider wissen, dass es sich dabei um eine Erfindung der Privatfernsehsender handelt, um die Zuschauer über 49 geschickt auszugrenzen. Der damalige RTL-Programmdirektor Helmut Thoma übernahm den Begriff aus den USA. Dort hatte der Sender *American Broadcasting Company (ABC)* die Gruppe im Alter von 14 bis 49 erfunden, um sich von den anderen quotenstarken Sendern abzugrenzen. Diese angeblich „leicht beeinflussbare und kaufkräftige" Gruppe ist bis heute ein genialer Vermarktungstrick. Denn die Hälfte aller deutschen Zuseher waren schon damals über 50 – beim ZDF sind es heute sogar 77 Prozent. Der willkürlich eingeführte Gradmesser für den Erfolg von Fernsehprogrammen verhalf RTL – damals ein Minisender in einer Garage in Luxemburg – zum Durchbruch. Kein Mensch vermutete in seinen kühnsten Träumen, dass sich dieses System langfristig durchsetzen würde. „Man kann es seriös nicht

begründen – eine wunderbare Lüge", kommentiert Werbeexperte Bernd M. Michael (*Grey*) den Status Quo ironisch. Weiters meint er, dass die Gruppe der Jungen fortwährend sinkt und deren Kaufkraft abnimmt und daher „das 14-bis-49-Gerede völliger Unsinn ist, weil die über 50-Jährigen die vierfache Kaufkraft haben". Die Werbungstreibenden bemühten sich mit Umfragen in den frühen Neunzigern um eine nachträgliche Bestätigung. Viel Blabla. Der Mensch sei beim Älterwerden eher betrübt und pessimistisch und konsumiere daher auch weniger. Außerdem folge er bei seinen Kaufentscheidungen nur seinen alten Gewohnheiten. Doch schon Untersuchungen aus dem Jahr 1997 (*Gong Media Marketing*, ZDF-Werbefernsehen) bewiesen das Gegenteil. Die *Neuen Alten* sind genauso bereit, die Marke zu wechseln, und 45 Prozent bezeichnen Werbung sogar als hilfreich. Und zappen daher auch weniger weg. Das sehen aber nur 39 Prozent der 20- bis 49-Jährigen so. Auf diese *hard facts* reagiert die Werbeindustrie mit über zehnjähriger Verspätung. September 2008 verkündete Thoma dann selbst: „Die Werbewirtschaft und die Sender müssen angesichts des demografischen Wandels umdenken. Wer hat denn heute das Geld? Die 50- bis 65-Jährigen! Da kann man nicht länger der selbstgemachten Schimäre hinterher rennen. Die Macht der 14- bis 49-Jährigen geht zu Ende!" Klar, selbst der RTL-Zuseher ist heute im Schnitt 47 Jahre alt. Und es gibt weitere – noch viel zu leise – Stimmen, die davon reden, die „Media-Währung für TV-Buchungen" auf 55 oder gar 60 Jahre anzuheben. Wie großzügig! Wahrscheinlich sind einige der Experten mittlerweile selbst 50 geworden und merken, welchen Unsinn sie bis jetzt verzapft haben. Willkommen im Club!
Der Werbeslogan „Weil ich es mir wert bin", drückt das zunehmende Genuss- und Verwöhnbedürfnis der *50plus*-

Generation schon ganz gut aus. Die Opinionleaders lesen und schreiben plötzlich Bücher wie *Marktmacht 50plus* und *Alt! Wie die wichtigste Konsumentengruppe der Zukunft die Wirtschaft verändert.* Und sie besuchen Konferenzen zum Thema *Wachstumsmarkt Alter.* Es scheint sich herumzusprechen, dass wir das Geld haben und diejenigen übrig bleiben werden, die uns ignorieren. Immerhin stieg der Anteil jener, die sich laut Umfrage „lieber ein schönes Leben machen wollen statt zu sparen" in der *50plus*-Generation bereits zwischen 1992 und 2002 von 27 auf 45 Prozent – Tendenz noch immer stark steigend. Wenn wir daran Spaß haben – und die Qualität stimmt – ist der Großteil von uns bereit, auch mehr zu bezahlen. Für uns ist Geiz nicht geil. In wirtschaftlich schwierigen Zeiten ist unsere Generation also noch wichtiger. Sogar überlebenswichtig für alle. Sie hat bereits ihre Schäfchen im Trockenen und braucht nicht mehr um den Existenzaufbau zu bangen. Im Gegenteil – einige lassen die gutbürgerlichen Sicherheiten bewusst hinter sich.

Otfried Reitzer baut beispielsweise mit seinem Unternehmen in Saalfelden (in der Nähe von Salzburg) LKW zu exklusiven Action-Wohnmobilen um. Mit dem Ungetüm kann man sogar die Wüste durchqueren, wenn einem unbedingt danach ist. Der erste Käufer war ein arabischer Scheich. Mittlerweile hat sich das drastisch verändert. „Viele Kunden sind Pensionisten, die Hab und Gut verkaufen, um endlich jenes Leben zu führen, von dem sie immer geträumt haben", erzählt der Unternehmer. „Und diese Träume bauen wir".

Verrückter Egoismus? Nein! Die zweite Halbzeit ist keine Verlängerung des Lebensstils der ersten Spielhälfte. Jetzt sind endlich und endgültig wir an der Reihe. Und seien Sie ehrlich zu sich selbst. Sie haben keine Garantie dafür, dass Sie Ihr Geld in zehn Jahren noch ausgeben können. Ja, sogar nicht einmal die Sicherheit, Ihr Erspartes im nächsten Jahr auf den Kopf stellen zu können! Das ist keine Panikmache, sondern eine nüchterne Bestandsaufnahme.

Wir brauchen auf gar nichts mehr zu warten. Wenn Ihr Leben wie ein Abreißkalender wäre, von dem Sie jeden Morgen ein Blatt nehmen, würden Sie anders leben. Denn egal wie viele Blätter er noch hat – er wird dennoch täglich dünner. Steht übrigens oft im krassen Gegensatz zum eigenen Körpergewicht. Sie würden auf jeden Fall anders denken und leben, wenn Sie genau wüssten, wie viele Tage Ihnen noch zur Verfügung stehen. „Man muss, solange man lebt, lernen, wie man leben soll" (Seneca). Keine Ausnahme für alle ab 50.

Manchmal lernen wir auch von denen, die ein schlechtes Beispiel sind. Ich erinnere mich an den fleißigen – aber immer mürrischen – 63-jährigen Hauseigentümer Bernhard G., der mir ein Stadtbüro vermietete. An einem herrlichen Sommertag jammerte er mir im Stiegenhaus vor, dass ihn seine vier Mietshäuser „fertig machen". Denn dringende Renovierungsarbeiten, Probleme mit Mietern und Behördenwillkür würden ihm nicht einmal Zeit für einen Kurzurlaub lassen.

Da er mir gerade die Miete erhöht hatte, hielt sich mein Mitleid in Grenzen: „Warum verkaufen Sie nicht zwei Ihrer vier Mietshäuser und genießen mit dem Geld die nächsten Jahre. Ihr Sohn kann sich dann immer noch über zwei vererbte Häuser freuen." Er sah mich an, als ob er gerade realisiert hätte, dass er einem Wahnsinnigen ein Büro vermietet hat. Er murmelte etwas von einem wichtigen nächsten Termin und verschwand. Zuletzt hörte ich, dass er nun einen alten Bauernhof renoviert, um ihn verpachten zu können.

Er erinnert mich an den Millionär, den man fragte, wie viel denn genug sei. Er antwortete nach einigem Nachdenken: „Immer ein bisschen mehr als man hat." Das verbissene Streben nach Besitz ist ein Hindernis auf dem Weg zu einem erfüllten Leben nach 50. Das Haus am Meer kann man mieten und die Yacht chartern. Wollen Sie Ihre besten Jahre wirklich damit verbringen, Zweitwohnsitze und Boote instand zu halten? Zuviel Besitz kettet uns fix an Orte. So wie zu viele Haustiere – die zwei Katzen gehören übrigens nicht mir, sondern meiner Tochter – und Hanfpflanzen in Blumentrögen am Vorstadtbalkon. Die kann man nämlich auch den Nachbarn nicht gießen lassen.

Das nächste Beispiel ist aus dem Leben gegriffen. Ein entfernter Verwandter hat mit vielen Opfern gebaut. Da er bei Baubeginn schon drei Kinder hatte, wurde es ein ziemlich großes Haus. Heute lebt er nach dem Tod seiner Frau allein, denn keines der Kinder will zurück ins Elternhaus ziehen. Ein Sohn ist beruflich seit vielen Jahren in einem anderen Land. Und die Töchter sind in die Stadt ihrer Ehemänner gezogen. Das Leben und damit auch unsere Kinder richten sich eben nicht nach unseren wohlgemeinten Plänen. Auch wenn wir genau dafür Jahrzehnte geschuftet haben. Dann sind manche Eltern auch noch ärgerlich auf die undankbaren Kinder. Dabei haben sie sich einfach nur verkalkuliert. Sie machten die Rechnung ohne den Wirt.

Ulrich Huber auf Burg Gernreith handelte ganz anders. Mit 51 verkaufte er um einige Millionen Euro seinen florierenden Obstgroßhandel in Wels und erfüllte sich einen Kindheitstraum. Er baute sich in Oberösterreich eine Ritterburg mit allen technischen Raffinessen – inklusive elektronisch gesteuerter Zugbrücke über den Burggraben. „Meine Kinder sagen, ich soll das ganze Geld ruhig für mich ausgeben. Gut, dass sie das so sehen“, grinst der Burgherr, „aber ich hätte es auch genauso gemacht, wenn es ihnen nicht gepasst hätte.“

Ich verstehe übrigens sehr gut, dass viele vermögende Eltern

ihre Kinder bewusst kurz halten und hart arbeiten lassen. Geld, das man nicht selbst verdient hat, wird viel weniger geschätzt. Andererseits will oft der Nachwuchs es später besser machen, als die „strengen Eltern, die sich selbst nichts gönnten“, und verprasst das ererbte Vermögen als selbsternannter Lebenskünstler.
Es ist wohl eine noble Geste, bleibende Werte für die Nachkommen zu schaffen. Aber man kann stattdessen auch auf eine noble Weltreise gehen. Und die Früchte seiner Arbeit genießen. Wenn nicht beides möglich ist, muss man sich zwischen zwei völlig verschiedenen Lebensphilosophien entscheiden.
Wenn es sich einer heute noch nicht leisten kann, sich selbst etwas zu gönnen, dann ist es umso wichtiger, dass er alles für sich tut, was nur möglich ist. Meine Großmutter war ein sehr liebenswerter Mensch. Sie musste den Krieg miterleben und lernte in dieser Zeit das eiserne Sparen. Ihr Leben war nicht einfach, aber in der Pension hat es dann später dank zusätzlicher Zahlungen der Schweizer Rentenkasse dennoch ganz gut gereicht. Trotzdem musste man sie später förmlich dazu zwingen, ihr Geld für sich selbst auszugeben. Sie tat sich schwer, ihren Lebensabend zu genießen. Als sie eines Morgens nicht mehr aufwachte, erbten Enkelkinder und Urenkel eine erkleckliche Summe Bargeld. Das war sehr großzügig und liebevoll. Aber wir hätten uns alle viel mehr gefreut, wenn sie ihr Geld zu Lebzeiten mit vollen Händen für sich selbst ausgegeben hätte. Ehrlich!
Ziehen wir eine Zwischenbilanz. Haben wir in unserem Leben bereits etwas erreicht? Oder auch nicht? Egal! Der irische Schriftsteller George Bernard Shaw meinte: „Im Leben gibt es zwei Tragödien. Die eine ist die Nichterfüllung eines Herzenswunsches, die andere seine Erfüllung!“ Das wurde oftmals plagiiert und lautete dann auch gerne mal: „Entweder ist man

unglücklich, weil man seine Ziele erreicht hat oder weil man sie nicht erreicht hat.“ Ich denke, der gute Mann und all seine Nachplauderer irrten und lagen gleichzeitig richtig. Viele Menschen sind nur unglücklich, weil sie nicht wissen, dass sie bereits glücklich sind. Wir gehören zu einer Generation, die keinen Krieg erleben musste. Vielleicht haben wir uns das auch ein bisschen verdient. Denn wir haben uns in den Siebzigern in Europa für den Frieden stark gemacht.

Hauptsache aber, es ist für uns klar, dass die letzten Jahre uns gehören. Und zwar nur uns. Existenzangst war vorgestern. Es ist normalerweise genug vorhanden, dass wir die nächsten Jahre zumindest ohne Hunger und Obdachlosigkeit erleben können. Tatsächlich sind die meisten Ersparnisse im Besitz von Menschen über 50. Das angeblich fehlende Geld ist oft nur die Ausrede für die fehlende Entschlossenheit, etwas Neues zu wagen. Oder gar das Familiensilber anzutasten und als Tunichtgut in die Ahnengeschichte einzugehen.

Es ist gar nicht unvernünftig, die Münzsammlung zu verhökern und Schmuck (den man nicht mehr trägt und den die Nachkommen auch nur in Schatullen aufheben werden) zu Bargeld zu machen, um dann mit dem Erlös im nächsten Flieger auf die Malediven zu düsen. Verstehen wird es wahrscheinlich niemand – außer uns. Leben wir unser Leben! Vielleicht bedeutet das für uns mit 50 einfach nur, etwas ganz anderes zu tun als bisher. Was übrigens sogar Geld bringen kann, denn wir sind am besten, wenn wir das tun, was uns Spaß macht.

Mir gefällt die Philosophie des britischen Milliardärs Richard Branson (58): „Ich unterscheide nicht zwischen Arbeit und Spiel. Alles ist Leben.“ Haben Sie gerade genickt? Sehr gut. Aber selbst die meisten lebensbejahenden Menschen glauben dennoch, dass die erste Regel dieses Spiels lautet: Das Leben ist todernst und du musst sehr, sehr vorsichtig sein.

Der kurzsichtige Richie hatte keinen Highschool-Abschluss, gründete das Label *Virgin-Records* und nahm später Stars wie die *Rolling Stones*, Janet Jackson, *Sex-Pistols* und Phil Collins unter Vertrag. Heute ist er in über 200 Unternehmen involviert. Nebenbei hat er 1986 zum Spaß den Atlantik als schnellster mit einem Schiff und ein Jahr später als erster mit einem Heißluftballon überquert. 1991 wiederholte er diesen Rekord über den Pazifik. Momentan ist sein Unternehmen damit beschäftigt, zahlungskräftige Touristen ins All zu befördern. Was wenige wissen: Es war Bransons Großmutter, die ihn zu solchen Höhenflügen inspirierte. Mit 99 sagte sie zu ihm: „Die letzten zehn Jahre waren die besten meines Lebens. Du hast nur ein einziges Leben, also mach das Beste daraus!" Ich bin sicher, Sir Richard Branson – er wurde 2000 zum Ritter geschlagen – hat noch einiges vor. Was haben Sie noch vor? Und vor allem – wann wollen Sie es tun, wenn nicht jetzt?
Wir rechnen aber nicht mit Verständnis für spontanes Handeln! Der Schweizer Gourmet Henry Pascal (47) war plötzlich verschwunden. Man befürchtete ein Verbrechen. Er war auf einer kulinarischen Weltreise, um in jedem der 68 besten Restaurants der Welt zu dinieren. Und darüber dann ein Buch zu schreiben. Nach dem vierzigsten Restaurantbesuch war er auf einmal verschwunden. Er wurde weltweit gesucht, tauchte aber ohne eine Erklärung eines Tages wieder in der Schweiz auf. Zeitungen schrieben von einem Exzentriker, der unberechenbar sei. Aber eigentlich hat er nur genau das getan, was er schon immer tun wollte. Genau so lang wie es ihm Vergnügen bereitete. In einem spanischen Nobelrestaurant hat er dann offenbar die Lust verloren. Keine Ahnung, was er dort gegessen hat.
Wobei sich übrigens so nebenbei für mich die Frage stellt, warum so gut wie alle Hauben- und berühmten Fernsehköche männlich sind, obwohl Kochen doch angeblich vorrangig

Frauensache ist. Man sieht, dass die Emanzipationsbewegung auch heutzutage noch einiges zu tun hat. Oder ist das eher als Erfolg zu sehen? Da bin ich unsicher.
Sicherlich neigen Frauen – wesentlich stärker als Männer – dazu, sich für die Familie bis ans Lebensende aufzuopfern. Auch wenn die anderen das gar nicht verlangen.
Viele Kinder von Frauen über 50 sind jetzt erwachsen und flügge. Hotel-Mama-Fans ausgenommen. Nun stehen sie vor dem leerem Nest und der Entscheidung, an ihrer eigenen Karriere weiter zu basteln. Das ist dann manchmal wie ein Wettlauf, bei dem man startet, wenn die anderen schon zehn Runden Vorsprung haben. Auch wenn sie schneller laufen können, ist es extrem schwer aufzuholen. Und vergessen wir nicht: Das Motto lautet ab 50 nicht mehr Selbstbestätigung durch Erfolg, sondern „tu das, was dir wirklich Freude macht". Eine berufliche Karriere ist der Weg zum persönlichen Glück? Okay. Aber man sollte sich da ganz, ganz sicher sein.
Ich schreibe diese Zeilen auf einer kroatischen Insel. Meine Bekannte Betty exportiert Olivenöl, lässt Lavendelöl pressen und vermietet ihre Luxuspension am Meer an Freunde aus aller Welt. Den Winter verbringt die Kroatin mit amerikanischem Pass in ihrem Luxus-Spa in San Francisco. Die ehemalige Putzfrau ist 65 und sieht fünfzehn Jahre jünger aus. Sie macht schon lange das, was ihr Freude macht, und reist durch die Weltgeschichte. Dass ihr das alles mittlerweile gehört, ist für sie nebensächlich.
Was ich weniger verstehe, ist, dass über 7.000 Menschen in der deutschen Stiftung *Senior Experten Service* im Ruhestand aktiv sind und ihr Fachwissen unter dem Titel *Zukunft braucht Erfahrung* gratis an über 50 Branchen weitergeben. Diese kleinen und mittleren Industrieunternehmen sollen gefälligst das Scheckbuch zücken. Ich verstehe schon, dass 1.200 Projekte in

145 Ländern vom Know-how der Älteren profitieren wollen. Aber wenn das keine gemeinnützigen Vereine sind, wollen wir cash sehen.
Das Geld geben wir dann auch in der gesamten EU aus, um die Wirtschaft anzukurbeln. Wir könnten im Februar ein Apartment in swinging London mieten, den Frühling in Paris verbringen, in der Nebensaison nach Portugal reisen, im Hochsommer einige Wochen die Mitternachtssonne im kühlen Norwegen erleben und in der zypriotischen Sonne überwintern. Theoretisch. Wir dürfen in ganz Europa legal wohnen und arbeiten – wenn wir das wollen. Das Abenteuer unseres Lebens ist noch immer möglich. Und es ist einfacher als früher. fremde Länder, neue Freunde kennen zu lernen und Spannendes zu erleben. Aber wir träumen, statt es zu versuchen, und warten auf „irgendwann später". Dieser Zeitpunkt kommt nie. Tun wir doch alles, was wir möchten so bald wie möglich. Verschieben wir es nicht auf *mañana.* Das bedeutet im Spanischen in der wörtlichen Übersetzung zwar wirklich *morgen.* Umgangssprachlich wird es aber im Sinn von *irgendwann* verwendet. Und so lautet die Antwort auf die Frage, wann denn nun endlich die Sache erledigt wird, zwar immer *mañana,* aber es geschieht nie etwas. Wir haben nicht endlos Zeit zu warten.
Tun wir lieber heute etwas Verrücktes. Wir wollten schon immer einmal ins Casino in Monte Carlo? Nehmen wir unsere beste Abendgarderobe, fliegen wir dieses Wochenende hin und verspielen wir ein Monatsgehalt. Falls wir wider Erwarten gewinnen, bleiben wir noch eine Nacht und spielen weiter – bis alles futsch ist. Es geht nämlich nicht darum, dass wir zu Gamblern werden und damit unser Leben ruinieren, sondern um das Erlebnis selbst. Oder wir fliegen zum Weihnachtsshopping in die Fifth Avenue nach New York. So wie der Dol-

lar gerade steht, ist das vielleicht gar nicht so crazy, wie es klingt, sondern eine gute Investition.
Dieses Buch könnte hingegen der teuerste Kauf Ihres Lebens werden, denn ab sofort werden Sie vermutlich mehr Geld für sich ausgeben als je zuvor. Aber wenn wir 80 werden – und die statistischen Chancen stehen dafür gut, da heute ein 60-Jähriger noch statistische 21 Jahre vor sich hat und eine 60-Jährige sogar noch 25 – dann werden wir in einigen Jahren wissen, dass es eines der wichtigsten Bücher war, die je gelesen wurden.
Ich höre förmlich den Aufschrei der Gutmenschen: „Purer Egoismus!" Nein. Erst, wenn die Familie existenziell leidet, ist es verwerflich nur an sich zu denken. Ist es denn Egoismus, wenn wir die Zahlung eines monatlichen Gehaltes akzeptieren, wenn wir dafür doch hart gearbeitet haben? Warum sollte es falsch sein, mit 50 die hart verdienten Ersparnisse für sich selbst auszugeben? Welche verdrehte Logik steckt hinter dieser Philosophie?
Ich bin kein herzloses Ego-Monster. Auch wenn mir das meine Tochter weismachen will, weil ich ihr noch nicht erlaube, samstags mit einer älteren Freundin in diese seltsame Disco zu gehen.
Nur zur Info: Als ich 1987 nach der Revolution in Albanien das Elend vor Ort sah, gründete ich mit Freunden ein Kinderheim in Elbasan und half dem örtlichen Krankenhaus. Mit Hilfe von Spenden – die zu hundert Prozent dem Zweck zugute kamen – konnten wir im Lauf eines Jahrzehnts viel Gutes bewirken. Jedes Jahr reiste ich einige Male – auch während des Bürgerkriegs – ins Land. Heute leitet eine befreundete Ärztin den von mir gegründeten Verein. Ich bin also kein klassisches Beispiel für jemanden, der immer nur zuerst an sich selbst denkt und dem das Schicksal anderer völlig gleichgültig

ist. Obwohl auch ich meine schlechten Jahrzehnte hatte. Gerade weil es mir wichtig ist, dass Menschen über 50 die Früchte ihres Lebens ernten, plädiere ich so stark dafür, dass sie zur Erntezeit auch in den Fruchtkorb greifen.

Wenn jemand wirklich behauptet, dass er nur deshalb nichts für sich selbst tut, weil er kein Egoist sein will, dann spendet er am besten sofort die Hälfte seiner Ersparnisse an Bedürftige und gibt nur die andere Hälfte für sich selbst aus. Dann ist allen geholfen.

Damit wir uns nicht falsch verstehen: Man soll nicht mit 50 in Frühpension gehen. Österreich führt diese Statistik bereits weltweit an. Aber nicht weil die Alpenluft so schädlich ist und die Menschen sich beim Skifahren alle Knochen brechen. Hat wohl eher mit der österreichischen *Gemütlichkeit* zu tun. In Deutschland würde man vielleicht sogar von *Altersfaulheit* sprechen. Man sollte aber seinen wichtigsten Lebensabschnitt aktiv genießen. Wer behauptet eigentlich, dass das Alter nach 50 die Zeit ist, in der man ruhiger wird?

In einer kritischen Biografie über den amerikanischen Präsidenten Barack Obama (vor seiner Wahl) fand ich einen Kommentar von Frank Newport, der die Abteilung für Meinungsumfragen des Gallup-Instituts in den USA leitet. Die Umfragen sprachen damals noch klar gegen den 47-Jährigen. Aber Newport räumte ihm dafür auch in den kommenden Wahlen gute Chancen ein. „Er ist ja noch jung!" Stimmt – er wäre auch in acht Jahren mit 55 noch jung genug gewesen, um Präsident der Vereinigten Staaten zu werden. Dann sind wir in diesem Alter aber auch jung genug, unser Leben erst richtig zu beginnen. Yes, we can!

Es ist ein Unsinn, auf die Zeit, als wir jung, unsicher, unerfahren und töricht waren, als „goldene Zeit" nostalgisch verbrämt zurückzublicken. Jetzt ist unsere beste Zeit! Einen

Monat nach der Wahl hat man bei einer Umfrage unter den US-Amerikanern herausgefunden, dass jede fünfte Frau gerne eine Affäre mit Mr. President Obama hätte. Und jeder zehnte Mann findet Hillary Clinton (61) erotisch. Ob das Ehemann Bill freut, bin ich nicht so sicher. Aber der hatte schließlich schon immer etwas eigensinnige Ansichten darüber, was Sache ist (beim Haschischrauchen inhaliert er nicht und ein Blow-Job ist für ihn kein Sex).

Trotz aller Widersprüchlichkeiten ist im Land der unbegrenzten Möglichkeiten – da gehört schon auch einmal ein unerwarteter Bankencrash dazu – die Generation der *Neuen Alten* als *Selpies, Wollies, Greygamers, Silver Generation* und *Bestagers* bereits eine fixe Größe. Und die jammern nicht, sondern wollen aus diesen Jahren für sich das Beste rausholen.

Wie deprimierend sind dagegen Aussprüche wie jener der von mir ansonsten sehr bewunderten Schriftstellerin Simone de Beauvoir: „Eines Tages sagte ich mir: Ich bin 40 Jahre alt. Als ich mich von diesem Schock erholte, war ich 50." Sorry, aber das ist die völlig falsche Einstellung für dieses Alter. Jetzt beginnt das zweite Leben. Yes, you can. Das spiegelt sich auch beim Trend zu neuen Partnerschaften immer stärker wieder. Im zweiten Leben will man eben oft mit einem neuen Partner das nachholen, was man bisher versäumt hat. Das bedeutet für viele 50-Jährige, dass die große Liebe in ihr Leben kommt – und dazu gleich auch noch besserer Sex. Prüderie war gestern. Das ist das Thema meines sexten Kapitels. Meine Tochter wird dieses Buch übrigens vor ihrer Heirat nicht lesen dürfen.

Warum Sex ab 50 besser ist

Wenn ich mir vorstelle, wie es hätte sein können: Ich mit einer schweren Filmkamera auf den Schultern, gesichert durch ein Seil und kopfüber eine Hausfassade hinunter laufend, schließlich elegant im weichen Gras landend und unwahrscheinlich spannendes Material von meinem *Houserunning* für den Sender heimholend – na ja. Ich wollte meinem Kameramann zeigen, wie's geht, denn der getraute sich nicht, die Szene selbst zu filmen, und murmelte irgendwas von Höhenangst. Das war meine Chance zu zeigen, was noch in den – für manche schon alten – Knochen steckt. Obwohl ich das eigentlich nicht nötig habe.
Reiner Zufall freilich, dass meine etwas unsanfte Landung zu Bandscheibenbeschwerden führte. (Das Bildmaterial war übrigens unbrauchbar.) Gemeinsam mit dem Sportarzt meines Vertrauens übte ich nun richtiges Niedersetzen, Aufstehen, Gehen, Bücken, Anziehen, Ausziehen, zur Seite Schauen und Nase Putzen. Was man eben so mit fünfzig und schadhaften Bandscheiben zu lernen hat. Was er mir nicht verriet, war, wie man guten Sex mit einem wehen Kreuz macht. Er sah mich mit dem *Ich bin nicht ihr Sexualtherapeut, Sie alter Lüstling*-Blick an. Keine Chance zu erfahren, wie man zweimal in der Woche – der statistische Durchschnitt liegt zwar angeblich bei dreimal, aber ich bin halt unterdurchschnittlich – dabei den malträtierten Rücken nicht völlig ruiniert. Nein, Freunde, ich

werde es hier nicht schildern. Ich sage hier nur: Auch das ist erlernbar.

Wie so vieles. Zum Beispiel, rechtzeitig den Mund zu halten, wenn du möchtest, dass der andere Spaß mit dir hat. Eines sei vor allem festgehalten: Je älter ich geworden bin, umso mehr genieße ich den Sex. Mit 20 hatte ich so gut wie keinen, mit 30 regelmäßig und seit ich 50 bin, weiß ich erst so recht, worauf's ankommt. Fragen Sie mich! Ich sage gar nichts. Ich genieße. Jetzt erst recht. Und schweige wie ein Grab. Wär ja noch schöner, der jungen männlichen Konkurrenz alles das preiszugeben, was ich mir in all den Jahren an mühevoller Erfahrung zusammengetragen habe. Die Jungen sollen nur schön selbst rumprobieren, sie werden schon sehen, wohin es führt. Auch hier gibt es die schönsten Gipfelsiege erst ab 50. Sollen sie sich bis dahin ruhig unzählige Sexratgeber kaufen, die sie restlos verwirren und alles noch komplizierter machen.

Hormonpapst Johannes Huber bringt es auf den Punkt: „Ich kenne aus meiner Arztpraxis viele Damen, die erst durch einen Sechziger draufgekommen sind, was sie alles versäumt haben." Und nicht nur deshalb, weil die Älteren länger können (wobei wir jetzt davon ausgehen, dass sie können). Aber er hat nichts von öfter gesagt. Da hat das Geschlecht mit der Fähigkeit zum multiplen Orgasmus unbestritten seinen Vorteil.

Laut Umfrage ist Iris Berben Deutschlands heute bekannteste und erotischeste Schauspielerin. Nicht schlecht, wenn man schon 50 ist. „Alt werde ich später", behauptet sie, „ich freue mich auf die nächsten Jahre. Und ich mag bewundernde Blicke." Damit spricht sie aus, was andere nur denken. Jeder will auch über 50 noch Sexappeal ausstrahlen und aufs andere Geschlecht anziehend wirken.

Iris Berben war 1968 in der Kunststudentenszene Hamburgs aktiv. Obwohl sie heute ein eher konservatives Leben führt

und an traditionellen Werten festhält, ist sie *fresch* in ihrem Denken. Das ist kein Widerspruch.
Und selbst der Kinofilm *Sex and the City* endet mit einer Party, bei der Samantha zum 50. Geburtstag gratuliert wird. „Auf die nächsten 50 Jahre", toasten ihr Carrie, Charlotte und Miranda zu, „auf die zweite Lebenshälfte". Samantha spielt in diesem Film – und in der erfolgreichen Fernsehserie – nicht nur die älteste der vier Freundinnen, sondern auch sehr überzeugend die sexuell aktivste.
In der Serie wird die unsinnige Frage, ob Sex mit 50 noch okay ist, natürlich gar nicht gestellt. Sondern Samantha ist diejenige, die den anderen Frauen alles darüber erklärt und offen weitergibt, was sie erfahren hat. Und da gibt es auch völlige Übereinstimmung mit der Hauptdarstellerin Kim Catrall im wirklichen Leben, denn sie erklärt: „Ich bin 52. Je mehr Lebenserfahrung man hat, desto besser ist der Sex. Deshalb macht er auch im Alter mehr Spaß." Stimmt, natürlich verändert sich auch die weibliche Sexualität im Alter. Denn jetzt wissen Frauen mehr denn je zuvor, wie sie es wann, von wem und wo haben möchten.
Sexualität ist ein lebenslanges Thema, weil es eine wichtige Quelle von Lebensfreude und Vitalität ist. Viagra ist heute salonfähig und nicht von ungefähr genau jetzt als pharmakologisches Massenereignis auf den Markt gekommen. Für unsere Kultur bedeutet es, dass Sexualität im Alter eine neue Definition erfahren hat. Reife kann jugendlichem Ungestüm die Stirn bieten – bei beiden Geschlechtern. Eine neue Generation von Frauen, die sich von traditionellen Verhaltensmustern distanzieren konnte, rückt jetzt ins mittlere und höhere Lebensalter vor. Das bringt auch die Männer unter Druck. Besonders dann, wenn der innere Druck gar nicht mehr so stark ist wie früher. Doch es gibt beruhigende Worte einer aktuellen Statistik.

In einer repräsentativen Studie mit über 500 deutschen Frauen zwischen 50 und 70 über ihr Sexleben, betonen die Damen, dass sie zwar etwas weniger intime Kontakte haben als früher, aber dass ihnen im Alter die Qualität immer wichtiger wird. „Frauen ab 50 sind heute anders drauf als früher. Sie haben einfach noch mehr Lebenshunger – und das gilt auch für die Sexualität", erklärt die Berliner Medizinpsychologin Beate Schultz-Zehden. Stimmt genau. Es passt, dass von Lebenshunger die Rede ist. Denn das signalisiert, dass jemand noch nicht satt ist. Wir bekommen jetzt erst richtig Appetit auf die Hauptspeise und freuen uns schon auf das Dessert.
Im Lauf der Jahre haben wir auch unsere Vorlieben und Fantasien entweder entdeckt und ausgelebt oder verleugnet und zugeschüttet. Wir wissen, dass unterdrückte Sexualität so gut wie immer schlimme Neurosen und sexuelle Verirrungen hervorrufen kann. Wie sonst wäre der Zölibat eine derartige Einbahnstraße? Davon kann die katholische Kirche ein gar nicht frommes Lied singen. Andererseits ist es nicht ohne Risiko, dem Partner zu sagen, was man will. Sollte man aber. Ich habe meine Freundin verlassen, als sie mich in einen Swingerclub schleppen wollte. Hätte sie das nie angesprochen, wäre ich nie meiner neuen Freundin in die Arme gelaufen.
Im Interchat beim seriösen *netdoktor* gibt es Postings zum Thema *Sex ab 50* wie folgenden:
„Ich bin erstaunt darüber, wie viel Unsinn hier geschrieben wird. Ich bin 63 Jahre und mein Mann 68, und wir haben fast jeden zweiten Tag Sex. Etwas Schöneres kann es gar nicht geben, vor allem in unserem Alter, ohne Tabu, man lässt sich fallen, man ist einfach ganz frei und für jede neue Idee zu haben. Lasst die jungen Leute doch reden, die merken später selbst mal, wie schön Sex später ist und wie glücklich das macht."
Eine andere schrieb dazu noch ergänzend:

„Die *50plus*-Generation wird immer größer, immer lebenslustiger und immer mutiger. Zum Glück! Seit Jahren bin ich in der Swingerszene unterwegs und dort sind die *50plus* bis über 70 inzwischen stark vertreten und ihre Zahl wächst beständig und auffallend. Die leben offen und zugegebenermaßen in den großen niveauvollen Clubs sehr mutig ihre Sexualität aus. Und wenn so viele das so offen tun, dann bedeutet das doch auch, dass in den privaten Betten noch viel geht, wenn sich zwei einig sind. Die jungen Swinger finden es übrigens toll und bewundern die alten. Es zeigt ihnen die Lebendigkeit der reifen Sexualität, an die man ja im zarten Alter nicht glaubt. Alte Menschen sind Neutren!?? Neulich meinte eine 18-Jährige verdutzt: ‚Die haben mehr Spaß als wir und sind viel lockerer.' Sex ab 50 ist wichtig, ist schön, ist anders, verhütet Depressionen und Unzufriedenheit. Sexualität ist schließlich ein Grundbedürfnis. Also lasst Euch nicht ausbremsen, sondern lebt es jetzt, solange Ihr es noch genießen könnt."
Ich möchte auf keinen Fall einen Swingerclub zum Ideal erklären und stelle persönlich stark in Frage, was Menschen mit einer gesunden Sexualität dort verloren haben. Mir macht es weder Spaß, anderen zuzusehen, noch möchte ich beobachtet werden oder gar meinen Partner mit jemandem teilen. Da bin ich ziemlich egoistisch. Aber dieser Eintrag zeigt, welch ein Unsinn es ist, die Freude am Sex nur der Jugend zuzuschreiben. Das Gegenteil ist wahr. Ich möchte nicht mehr die Verkrampftheit und Nervosität der ersten Begegnungen erleben, auch wenn sie vielen nostalgisch verklärt so einzigartig erscheinen. Schweißperlen auf der Stirn, wenn der BH-Verschluss nicht aufgeht. Die absolute Bosheit – einem kranken Hirn entsprungen – sind Büstenhalter, die vorne zu öffnen sind. Von den Mogelpackungen soll hier gar nicht die Rede sein.

Und völlige Verwirrung, wenn sie zuerst bittet, „pack mich ruhig härter an“, um dann zehn Minuten später zornig zu schreien: „Hast du gar kein Gefühl, du tust mir doch weh.“ Panikattacken, weil sie danach stöhnt „ich will jetzt auch endlich einen Orgasmus“.
All das war einmal – jetzt sind wir endlich 50 und haben die praktischen Antworten auf all diese Fragen. Zumindest in der Theorie, denn angeblich droht uns Männern ab 50 die Impotenz. Hm. Vielleicht ist das für uns gar kein wirkliches Problem. Denn wenn man keine Lust hat, vermisst man sie auch nicht. Sagt mir die Logik. Aber vielleicht will man und kann nicht? Das wäre dann natürlich ein ziemliches Desaster. Der Kabarettist und Sexdoktor Bernhard Ludwig hat mir einmal gesagt: „Die Leute, die viel über Sex reden, haben meistens zuwenig davon.“ Keine Ahnung, ob er das ernst meinte. Aber er könnte Recht haben. Dann bleibt uns nichts anderes übrig, als den Ratschlag „use it or lose it“ zu beherzigen. Und deshalb rede jetzt auch ich nicht mehr lang darüber.
Einer der ersten überhaupt, der in deutschen Landen öffentlich über Sex geredet hat, war Oswalt Kolle. Man hat bei ihm fürs Leben gelernt. Ich erinnere mich an die Frage, die in einem seiner Kinofilme von einer jungen Frau gestellt wird: „Kann ich schwanger werden, wenn ich sein Sperma schlucke?“ Es war damals totenstill im Saal. Heute würden die Leute über diese dumme Frage zu lachen beginnen. Ich war damals vor allem ziemlich beruhigt. Meine Freunde haben sich die Kolle-Filme übrigens nur wegen der freizügigen Nacktszenen angesehen. Die haben nicht verstanden, dass es um gesellschaftspolitisch wichtige Informationen ging und wir alle Teil einer großen Revolution waren. Nach drei Filmen wussten wir besser über Sex Bescheid als unsere Eltern. Dachten wir damals zumindest. Bis die Freundin meines besten

Freundes mit 16 schwanger wurde. Am Schlucken kann es aber nicht gelegen sein.
„Sex im Alter ist immer noch ein großes Tabu", sagt Kolle heute. Vor kurzem hat er sich bei einem Interview über die Frage empört, ob man denn alten Männern wirklich Viagra geben sollte, die bräuchten doch keinen Sex mehr: „Nimm dem Opa doch die Brille auch noch weg. Er braucht sie nicht mehr, denn er hat schon genug gesehen." Und dann wird Oswalt Kolle richtig zornig: „Ich lass mir doch von euch nicht meine Sexualität absprechen. Ich habe für euch gekämpft. Ich habe meinen Kopf hingehalten, gegen Zensur, gegen die Politik. Immer am Rande des Gefängnisses. Und jetzt wollt ihr mir das Vögeln nicht gönnen? Da seid ihr bei mir an der falschen Adresse. Früher war ich ein zorniger junger Mann, jetzt bin ich ein zorniger alter Mann." Der immer noch etwas zu sagen hat. Im September 2008 startete auf PRO 7 die fünfteilige Serie *Sexreport 2008 – so lieben die Deutschen* mit Kommentaren von Kolle. Und spät in der Nacht seine Originalfilme aus den sechziger und siebziger Jahren.
Der Rückblick auf unsere Revolution ist zwar okay, aber sie ist noch nicht zu Ende. Denn jetzt stellen wir fest, dass man auch dafür kämpfen muss, dass man im Alter noch bumsen darf. Das war zwar auch zuvor schon so. Aber es war schmutzig, ungehörig, unappetitlich und daher wurde darüber auch nicht gesprochen. Ein Filmproduzent verriet mir sein Geheimnis erfolgreicher Komödien. „Ältere Leute dürfen sich im Film verlieben aber niemals vor der Kamera küssen. Das mögen nämlich die jüngeren Zuseher nicht." Aha. Verstehe. Ekelige Sache so ein Kuss unter Grufties. Nur junge Leute dürfen sich in Discotheken die Zunge bis in den Hals stecken und sich wie Paris Hilton ohne Höschen im Taxi fotografieren lassen. Und wir dürfen maximal Händchen halten und höchstens auf ih-

ren Marmorkuchen scharf sein. Da spielen wir nicht mit. Wir stehen dazu, dass wir regelmäßig Sex haben. Es ist die natürlichste Sache der Welt. Und wenn er nicht dazu steht, gibt es diese kleinen blauen Pillen.

Falls der Sex trotzdem nicht gut ist, liegt es möglicherweise an der Partnerschaft. Und wenn auch mit neuen Partnern der Sex mies ist, so ist das eben eine Pechsträhne. Glauben Sie mir, die dauert manchmal lange. Und wenn der Sex für Sie schlecht und für den Partner gut ist, haben Sie statistisch gesehen immerhin mittelmäßigen Sex. Auf jeden Fall ist es gut zu wissen, dass Sie ab 50 statistisch gesehen den besseren Sex haben.

Man muss es ja nicht gleich dem *Caramba, Caracho, ein Whisky*-Sänger Heino (69) gleichtun und der ganzen Welt über die *Bild*-Zeitung verkünden, dass man es auch dreimal in der Woche noch ganz ohne Viagra schafft. Unter der Überschrift *Beim Sex nimmt Heino seine Brille ab!* verrät das Boulevardblatt im Dezember 2008 schon in den ersten Zeilen seine wahre Gesinnung. „Gestern gestand Volksmusikstar Heino, dass er auch nach 29 Jahren Ehe noch immer dreimal in der Woche mit seiner Ehefrau Hannelore (65) Sex hat." Er gestand! In diesem Alter scheint Sex für die *Bild* ein Verbrechen zu sein. Die vier Jahre jüngere Hannelore (geborene von Auersperg) schwärmt hingegen: „Heino ist ein sehr einfühlsamer Liebhaber. Die Liebe genießen wir nicht nur dreimal, sondern manchmal auch viermal in der Woche. Was sich viele Menschen in der Jugend wünschen, erfüllen wir uns im Alter". Schön. Aber noch schöner, dass sich hier zwei Menschen offenbar auch nach drei Jahrzehnten noch in jeder Hinsicht so gut verstehen. „Hannelore ist auch mit 65 noch immer eine attraktive und begehrenswerte Frau. Es gab neben der seelischen immer auch eine große sexuelle Anziehungskraft zwischen uns", betont

Schnulzenbarde Heino. Seine Lieder sind für mich schier unerträglich, aber hier trifft er die richtigen Töne.
Denn wir wissen, dass es in einer funktionierenden Beziehung auch noch andere Höhepunkte geben muss. Weil es im Leben um viel mehr geht als – wie es Nobelpreisträger John Nash in *A beautiful mind* sehr sachlich formulierte – „den Austausch von Körperflüssigkeiten". Es geht auch um einen inneren Gleichklang, der uns miteinander verbindet. Und damit sind wir schon im spirituellen Kapitel dieses Buches.

Sinn suchen ist nicht sinnlos

Wie wäre es, wenn jeder Mensch rückwärts leben könnte, zuerst stürbe, dann im Altersheim rausgeworfen würde, weil er zu jung geworden wäre? Wenn er dann noch 40 Jahre arbeitete bis zur Pension und als Jugendlicher die verbliebene Zeit mit all den gemachten Lebenserfahrungen im Hinterkopf nutzen könnte? Im Lauf der letzten Jahre hätte man dann schließlich als Kind keine Verantwortung mehr, kröche in den Leib seiner Mutter zurück und ganz am Ende gäbe es einen Orgasmus. So ähnlich wird auch die Geschichte in einem Film erzählt, der gerade mit Brat Pitt in der Hauptrolle über die Kinoleinwände flimmert: *Der seltsame Fall des Benjamin Button* des Erfolgsautors F. Scott Fitzgerald (*Der große Gatsby*). Die Idee ist zwar witzig, aber leider spielt's das nur in der Fantasie eines Autors.

Gut so, meine ich, denn alles zielt auf ein Ende hin. Und es ist ein Vorteil, wenn man die Reife hat, den Sinn hinter der Existenz unseres Daseins zu suchen. Und auch Brad Pitt freut sich darauf, älter zu werden. „Den jungen Brad Pitt kenne ich schon", sagt er in einem Interview für die *Süddeutsche Zeitung*. „Das ist nicht so interessant wie das, was die Zukunft bringen könnte." Das Älterwerden bereite ihm wenig Kopfzerbrechen. Vielmehr mache er sich Sorgen darum, auf welche Art und Weise er sterben werde.

Es ist keine Überraschung, dass Wissenschaftler festgestellt haben, dass gläubige Menschen viel positiver und gelassener durchs

Leben gehen. Die Lebensuhr tickt für gläubige Menschen zwar genauso schnell wie für Atheisten. Aber sie sehen dem Sterben normalerweise etwas gelassener entgegen, weil sie mehr oder weniger überzeugt an ein Weiterleben nach dem Tod glauben. Dabei verleugnen sie logischerweise die Realität des Sterbens nicht. In unserer Kultur aber werden Friedhöfe gern diskret hinter hohen Mauern versteckt. Tabuthema Tod. Doch jede Verdrängung erzeugt Neurosen. Und die brauchen wir mit 50 noch weniger als in der Jugend.

Die Prioritäten eines gläubigen Menschen sind anders, denn er ist sich noch mehr bewusst, dass wir nackt gekommen sind und nackt wieder gehen werden. Ich verwende absichtlich das Wort *gläubig*, denn die Zugehörigkeit zu einer Religionsgemeinschaft, macht hier keinen Unterschied. Die Katholiken drohen mit der ewigen Hölle, die Zeugen Jehovas fürchten sich vor der letzten Schlacht Harmagedon und die Mormonen haben Angst vor dem Verlust eines ewigen Weiterlebens als kleiner Gott mit eigenem Planeten. Was von diesen Lehren mehr oder weniger falsch ist, lassen wir jetzt einmal stehen. Gelassen macht das alles auf keinen Fall. Der Glaube an einen Gott und eine Existenz über den Tod hinaus hätte aber die positive Kraft, dass wir die Jahre nach dem Fünfziger entspannter leben können.

Ich habe festgestellt, dass es nur wenige Menschen gibt, die an gar nichts glauben. *Nichts* würde ja bedeuten, dass wir nur höher entwickelte Säugetiere sind, die nach dem Tod endgültig und für immer zu Staub zerfallen. Das *glaubt* nur eine relativ kleine Minderheit. Der Großteil hat sich eine Kombination aus Esoterikangeboten, Kirchenlehren und den eigenen Vorstellungen als Hausreligion gebastelt. Vor Widersprüchen und Ungereimtheiten werden beide Augen fest verschlossen. Wenn nötig, drückt man auch das dritte Auge zu – laut Esoterikkurs befindet es sich mitten auf der Stirn.

Auf keinen Fall will ich aber hier die religiösen Überzeugungen anderer Menschen verletzend kritisieren. Ich selbst habe einschlägige Bücher gelesen, mich zu obskuren Meditationen verrenkt und auch Ansichten vertreten, die mir heute peinlich sind. Also werfe ich in meinem Glashaus lieber nicht mit Steinen – einige Scheiben sind in den letzten Jahrzehnten schon unnötigerweise zu Bruch gegangen.

Ich bin evangelisch aufgewachsen. Mit 25 habe ich mich mit dem christlichen Glauben sehr kritisch auseinandergesetzt. So bin ich gläubig geworden und gleichzeitig aus der Kirche ausgetreten. Denn ich war und bin bis heute überzeugt, dass der Glaube keine menschliche Organisation braucht, die ihn verwaltet, sondern dass er meine ganz persönliche Sache ist. Später habe ich erfreut entdeckt, dass das Alter in so gut wie allen Religionen einen hohen Stellenwert hat. „Du wirst wieder jung werden wie ein Adler" (Psalm 103) steht in der Bibel, und der Psalmist verweist darauf, dass wir uns im Alter erneuern können und sollen. Da werden in „biblischem Alter" noch Kinder gezeugt, Königreiche erobert und die erworbene Lebensweisheit an kommende Generationen weitergegeben – was man eben für weise und spirituell hält.

Heute gibt es gruppendynamische Erlebnisse, psychologisch verbrämte Gehirnwäsche, seltsame Esoterikpraktiken, verschrobene Heilslehren von Gurus oder selbsternannten Propheten, sektiererische Selbstfindungsseminare, eigenbrötlerische Askese, exotische Modereligionen und destruktive Kulte. Alles ist im spirituellen Supermarkt erhältlich und jedes Produkt findet seine Käufer. Bachblütentees, Lachyoga und Kristalle auf dem Schreibtisch sind esoterische Trends – die spirituelle Entscheidung wurde dadurch noch nicht gefällt.

Es stimmt, wer sich auf die Suche nach dem Sinn des Lebens macht, ist in Gefahr sich zu verirren. Wer von Menschen manipuliert und beherrscht wird – egal ob es sich um Scientology, katholischen Orden oder Esoterikclub handelt – ist, so meine ich, in einer Sackgasse gelandet. Dann sollte man eben den Retourgang einlegen. Die Möglichkeit des Irrtums macht die Reise nur noch spannender. Gar nichts zu suchen hat nur die Garantie nichts zu finden. Das ist manchen auch lieber. Doch im Menschen existiert offensichtlich ein Vakuum, das auch durch ein ansonsten erfülltes Leben leer bleibt. Zur Reife gehört eben auch die innere Gewissheit, etwas zu glauben oder überzeugt abzulehnen, dass es etwas anderes gibt außer diesem Leben hier und jetzt.

Wer gläubig wird, gehört dann vielleicht zu jenen, die ab sofort weder Tod noch Teufel fürchten. Und wer nichts glaubt, muss deswegen nicht in nihilistische Verzweiflung über die kosmische Gleichgültigkeit des Universums sowie die Leere und das Nichts nach dem Tod fallen. Die Verneinung eines Weiterlebens nach dem Tod bedeutet auch nicht, dass wir deswegen böse werden müssen und gegen alle ethischen und moralischen Maßstäbe handeln. Der Philosoph Miguel de Unamuno (er starb 1936) schreibt in seinem Werk *Das tragische Lebensgefühl*: „Der Mensch vergeht. Mag es so sein; und wenn das Nichts uns erwartet, lasst uns so handeln, dass dies ein ungerechtes Schicksal sein wird“. Der Glaube an das Nichts nach dem Tod bedeutet aber nicht selbstzerstörerische Lebensgier in der besseren zweiten Lebenshälfte. Nur Zeitgenossen mit enormem seelischem Manko probieren ab 50 noch unbedingt den aktuellsten Drogenkick, riskieren am laufenden Band eine HIV-Infektion oder – das kommt am häufigsten vor – saufen sich systematisch zu Tode.

Ab 50 sollte jeder seine persönliche spirituelle Entscheidung getroffen haben. Die Tatsache, dass jeder Mensch mit irgendwelchen religiösen Praktiken aufgewachsen ist, ändert daran gar nichts. Weder eine Taufe noch eine Beschneidung oder gar andere Initiationsriten sind persönliche Entscheidungen, weil sie meist in frühkindlichem Alter durchgeführt werden. Viele heiraten in einer Kirche, weil sich das eben so ziemt. Und sind nur wegen der Kinder noch nicht ausgetreten. Oder weil sie unsicher sind, welches Begräbnis sie dann erwartet. Was jedem eigentlich wirklich egal sein kann, denn das ist dann ganz sicher nicht mehr sein Problem.

So mancher aus unserem Kulturkreis kehrte seiner religiösen Institution bereits früh den Rücken, weil ihn die Kirchensteuer ärgerte (die hat auch Adolf Hitler eingeführt) oder sie hatten Probleme mit der Amtsführung der Seelsorger. Das bedeutet aber noch immer nicht, dass sie selbst eine spirituelle Entscheidung für oder gegen den Glauben getroffen haben. Sie haben sich nur von einer Organisation verabschiedet. Es scheint, dass religiöse Rituale wie Taufe, Firmung oder Konfirmation wie eine vorbeugende Impfung wirken. Wir sind fast immun gegen die Frage nach dem Sinn des Lebens, weil wir schon seit der Kindheit einen *Glauben* haben. Und so scheint das Kapitel für uns abgehakt und erledigt.

Es ist aber mit 50 höchste Zeit, eine eigene Überzeugung zu haben. Ist da draußen in der eisigen Unendlichkeit des Quantenuniversums niemand außer uns? Gibt es Gott und/oder eine Weiterexistenz nach dem Tod?

Es ist unser Vorrecht, dass wir diese Fragen so offen stellen dürfen. Die Möglichkeit der spirituellen Suche ist ein Menschenrecht, das nicht so selbstverständlich ist, wie manche denken. In China werden bis heute Christen, Moslems, Hindus und alle anderen religiösen Gruppierungen gnadenlos verfolgt. Man steckt sie in Gefängnisse und foltert sie in Umerziehungslagern. Viele werden unter falschen Anschuldigungen öffentlich hingerichtet.

Und auch weltweit werden im Namen der Religion Andersdenkende verfolgt. In den meisten muslimischen Ländern werden Moslems, die Christen werden wollen, nach dem islamischen Gesetz der Scharia erbarmungslos getötet. In Südamerika vertreiben noch immer einige Katholiken systematisch die evangelische Bevölkerung aus ihren Dörfern und schrecken vor Gewalt nicht zurück. Viele müssen für ihre Suche nach Wahrheit einen hohen Preis bezahlen – manchmal sogar mit ihrem Leben. Sie werden nicht einmal 50.

Umso mehr sollten wir uns nicht mit einer formalen Religionszugehörigkeit oder etwas esoterischem Gedankengut zufrieden geben. Wir sollten für uns klären, wohin die Reise – wenn überhaupt – geht. Und sollten imstande sein zu beantworten, was für uns der Sinn oder Unsinn des Lebens ist.

Schockiert es Sie, dass ich so offen über den Tod spreche? Aber er gehört doch zum Leben wie der Punkt am Ende dieses Satzes. Das bedeutet, dass wir nichts auf irgendwann später verschieben können. Die Open-End-Party ist in vollem Gang, und wir können heute noch dabei sein. Aber wir müssen sie verlassen, während sie für andere noch weitergeht. Wann das genau ist, weiß glücklicherweise keiner. Das ist auch okay so. Denn damit hat das Leben noch mehr Sinn und macht Spaß dabei zu sein. Also gibt es keinen Grund zu jammern, dass wir einmal gehen müssen.

Ich war in den Achtzigern einer der ersten Journalisten im heutigen Marienwallfahrtsort Medjugorje in Ex-Jugoslawien, wo zum damaligen Zeitpunkt fünf Kinder behaupteten, dass ihnen täglich die Madonna (dort heißt sie Gospa) erscheint. Ich schummelte mich in die Sakristei der Kirche und erlebte, wie die *Seher*-Kinder beim angeblichen Anblick der Gospa gleichzeitig bewusstlos zu Boden sanken. Verzückte katholische Priester behaupteten, in diesem Moment helle Wärme und die Gegenwart Marias zu fühlen. Ich spürte nur den eiskalten Hauch fanatischer Religiosität. Es waren genau jene erwärmten Priester, die mich später aus der Kirche warfen und mir den Wiedereintritt verboten. Mein Verbrechen? Sie hatten entdeckt, dass ich evangelisch bin …

Ähnliche Phänomene wie in Medjugorje gibt es in fast allen Religionen. Die erleuchteten Jünger in den Ashrams der indischen Gurus berichten von einem Liebesgefühl im *Sonnengeflecht* über dem Nabel. Esoterische Übungen in Psychoseminaren erzeugen das Gefühl der schwebenden Leichtigkeit. Die Teilnehmer von tiefenpsychologischen Sitzungen mit Reisen ins *vergangene Leben* berichten über erlebte innere Ruhe und tiefe Liebe. Hinter all dem steckt immer ein wahres Gefühl – aber es ist eben nicht mehr als ein Gefühl. Menschen über 50 sollten über solchen Manipulationen stehen, sie durchschauen und gleichzeitig nicht blind werden für wahre Spiritualität. Keine leichte Aufgabe – aber sie gehört zur besseren Lebenshälfte.

Meine Tochter versteht das alles noch nicht. Sie meint, ich werde jetzt im fortgeschrittenen Alter manchmal richtig sentimental. Nur weil ich vorgestern alte Kinderfotos herauskramte und mit ihr über die Vergänglichkeit des Lebens zu reden begann. Gestern Abend wollte sie mir eine Freude machen und hat mir ihre aktuellen Klassenfotos zum Vergleich mit denen vom Vorjahr gebracht. Und mir gezeigt, wie sehr sich ihre Freundinnen durch Haarfärben und neues Styling innerhalb eines Jahres verändert haben. Irgendwie habe ich manchmal den Eindruck, dass wir bei einigen Dingen noch aneinander vorbeireden.

It's my life

„Liebe deinen Nächsten wie dich selbst", steht schon als revolutionärer Sager im Vordergrund des Christentums. Wer sich selbst nicht mag, tut sich meistens schwer damit, andere zu mögen. Und wer sich mag, schaut drauf, dass es ihm gut geht. Mit 50 haben wir aber zusätzlich noch das Recht, mehr auf uns zu schauen als auf die anderen. Nur dann können wir das Leben wirklich genießen. Wie wir auf andere wirken, sollte uns ab jetzt egal sein. Es geht nun vor allem darum, wie es uns selbst geht. Mit 50 verbiegen wir uns nicht, um Anerkennung zu erheischen.

Es hat schon früher langfristig nichts gebracht, duckmäuserisch und fremdbestimmt durchs Leben zu gehen. Gruppendruck wird nun aber ganz bewusst und konsequent ignoriert. Die Mehrheit hat sowieso meistens Unrecht. Warum sonst werden überall die falschen Politiker gewählt, über die dann alle schimpfen?

Wir wissen, wer wir sind. Und auch was wir nicht sind – nämlich perfekt. Und wir haben sonst noch niemanden getroffen, der es wäre. Und selbst die Superheroes aus der Flimmerwelt sind aus Fleisch und Blut, was wir schon in jungen Jahren mit einiger Schadenfreude in der Yellowpress lesen konnten.

All das vor Augen habend, sollten die *Freschen* nicht mehr auf das Lob anderer angewiesen sein. Theoretisch. Nicht, dass keiner über 50 gern gelobt wird, das schon, aber Kritik prallt an uns ab. Meistens. Und Minderwertigkeitskomplexe gehören der Vergangenheit an: Wir entschuldigen uns immer seltener dafür, dass wir so sind, wie wir sind. Mit *50plus* steht man dazu, dass das Leben vielleicht nicht ganz so verlaufen ist wie geplant.

Wir sind unabhängig. So wie der öffentlich-rechtliche Rundfunk von der Politik. Also nach außen völlig – innerlich gibt's da leider noch manch andere Verknüpfungen. Aber damit muss aufgeräumt werden. Schließlich haben wir jahrelang das Leben eines Therapeuten finanziert, um in dessen Seminaren zu erfahren, dass an unseren negativen Prägungen die Eltern, Großeltern, ja sogar Vorfahren aus der Steinzeit schuld sind. Wir haben gelernt, stolz auf unsere negativen Eigenschaften zu sein. Wenn uns jemand nicht mag, wie wir sind, ist das sein – vielleicht sogar ziemlich großes – Problem.

Prinzipien sind bei der Selbstbestimmung hilfreich. Dazu ein Beispiel: Mein Freund Carsten musste vor Gericht aussagen. Eine blöde Sache. Denn die Wahrheit würde seinem angeklagten Bekannten schwere Probleme machen. Und es gab keine Möglichkeit, die Aussage zu verweigern oder zu tricksen. Es gab nur eine Lüge, die jenen schaden würde, die völlig unschuldig sind. Oder eben die Wahrheit. Mein Freund sagte aus, und sein Bekannter wurde verurteilt. Damit hatte Carsten einen Feind mehr. Ich sprach ihm meinen Trost zu: „Das war sicherlich eine schwere Entscheidung und eine schlaflose Nacht vor der Verhandlung." Er verneinte erstaunt: „Nein, es war für mich immer klar, was zu tun war." Ich verstand. Er stand zu dem, was für ihn richtig war. Das ist eine gesunde Form von Egoismus, weil es ihm danach gut ging. Egal, welche Konsequenzen es für ihn sonst brachte.

Daraus lernte ich. Meine Teenagertochter war eine Woche auf mich sauer, weil sie nach der Party einer Newcomerpunkband nicht mit anderen im Probekeller übernachten durfte. Ich habe die Band bei einer Probe kurz besucht – meiner Tochter war das „megapeinlich“ – und alle meine Vorurteile wurden da bestätigt. Bevor ich aber meinerseits eine schlaflose Nacht verbringe, ist es mir lieber, die Kleine ist einige Tage auf ihren uncoolen Dad bös. Ich halte das für ziemlich mutig. Alle Eltern von Teenagern verstehen, was ich meine.

Geben wir's zu. Wir haben irgendwann einmal geschleimt und Süßholz geraspelt, um weiterzukommen. Aber wir können mit 50 damit aufhören und – ohne unfreundlich zu sein – sagen, was wir wollen.

Für manche nichts Neues. Sie haben Karriere gemacht und ihr Wort galt. Sie brauchten sich nie zu verstellen und haben auch genug Geld, um sich von niemandem etwas sagen lassen zu müssen. Umso besser. Wer gescheitert ist oder einfach nur nicht immer Sieger war, weiß, dass Niederlagen zum Leben gehören. Denn nur so formt sich der Charakter. Wer sich immer erfolgreich wähnt, bleibt oberflächlich.

Erinnern wir uns wieder daran, wie wir in der Jugend starteten. Wir haben der Welt ihre Verlogenheit wie einen Spiegel vors Gesicht gehalten und gegen die spießbürgerliche Doppelmoral protestiert. Dann sind wir vielleicht selbst so geworden. Hält mir zumindest meine Tochter seit dieser Punkbandgeschichte vor.

Zum Neinsagen gehört Mut. Zu Hause. Beim Chef. Bei Freunden. Es ist immer wieder erstaunlich, wie manche auf ein Nein reagieren, wenn sie es gewöhnt sind, von Jasagern umgeben zu sein. Bei manchen ändert sich die Haltung blitzartig. Wenn sie psychisch labil sind, glauben sie ab sofort, dass man ihnen feindselig gegenübersteht. Denn wenn wir uns von anderen abgrenzen, signalisieren wir dem Gegenüber, dass wir innerlich stark sind. Das macht uns interessanter und wichtiger. Und die anderen nervös. Die meisten bringen dem Gegenüber

dann sogar mehr Respekt entgegen. Die eigenen Kinder allerdings meist erst Jahrzehnte später. Wenn sie selbst 50 sind. Niemand kann es allen recht machen – das ist auch gar nicht nötig. Das erwartet niemand wirklich – außer wir selbst. Es ist traurig, wenn sich Menschen von Chefs und Kollegen, Partnern und Kindern, Kellnern und Parkwächtern, Hotelportieren und Boutiqueverkäuferinnen diktieren lassen, was sie zu tun haben. Manchen fällt es schon schwer, ihr Recht beim Warten in der Schlange anzumelden. Wer immer nur gewartet und anderen den Vortritt gelassen, sich aber gleichzeitig beschwert hat, wie rücksichtslos die anderen sind, wird sich immer hinten anstellen müssen. Was hat es denn gebracht, immer nur nachzugeben? Gab es dafür Dank und Lob? Nein, meist war man am Ende der Loser. Ändern wir das ab heute. Erinnern wir uns an die *Selpies* – die Second Life People. Die haben sich entschieden, ab jetzt ihr Leben zu genießen.
Ab jetzt – das bedeutet laut einer EU-weiten britischen Studie (Carol Jagger University of Leicester, 2008), dass beim Spitzenreiter Dänemark Männer ab 50 noch 23,6 und Frauen 24,1 Jahre ohne gesundheitliche Beeinträchtigung leben werden. Österreicher sind im Mittelfeld, denn hier haben Männer noch 14,5 gesunde Jahre vor sich und Frauen 15,7. In Deutschland sind es noch weniger statistische Jährchen ohne Beeinträchtigung. Bei den Männern nur 13,6 und die deutschen Frauen sind mit 13,5 schon ziemlich emanzipiert. Schlusslicht ist Estland mit 9 Jahren. Also dorthin sollten wir nicht auswandern. (Das Thema Gesundheit behandeln wir erst im nächsten Kapitel.) Jetzt geht es darum, dass uns klar ist, dass die wichtigsten Jahre mit 50 begonnen haben.
Vom damals ältesten Zwillingspaar der Welt (sie sind mittlerweile verstorben) habe ich erfahren, dass zum Erreichen eines biblischen Alters neben den Genen auch Egoismus wichtig

ist. Die Damen wurden 102 und luden mich zu ihrer familiären Geburtstagsfeier ein. Auf meine – zugegeben nicht besonders originelle Journalistenfrage: „Wie wird man denn eigentlich so steinalt?“, versicherten mir die Schwestern, dass sie halt „sooo gesund leben“. Sie verzehrten gerade beide einen fetttriefenden Schweinsbraten mit Knödel und jede hatte schon ein großes Glas Bier geleert.
Der 80-jährige Sohn der einen hatte zugehört und nahm mich später zur Seite. „Die sind so alt, weil sie beide ausgeprägte Egoisten sind“, flüsterte er mir zu. „Und total stur. Als ich die Maria mit 90 ins Alterheim bringen wollte, hat sie mich aus ihrem Haus geworfen und einige Jahre nicht mit mir geredet“. Die Ladies waren nett und freundlich, aber alles musste nach ihrem Kopf gehen. Sie wirkten glücklich und zufrieden. Einige ihrer Verwandten dagegen etwas gestresst.
Auch Udo Jürgens ist ein gesunder Egoist. Seine Tochter Jenny erzählte mir, dass sie im bayrischen Dirndl mit dem *Alpenländischen Volkstheater* als Bühnenschauspielerin in Mundartrollen unterwegs war. Da baute man die Kulissen – oft im Dorfwirtshaus – selbst auf. Die Übernachtung dort konnte sie sich manchmal nicht leisten. Dann fuhr sie die ganze Nacht hindurch mit dem Tourvan nach München zurück. „Der Papa wird's schon richten“, spielt's nicht. Nach ihrer Heirat lebte sie in keiner Luxusvilla, sondern in einer Mietwohnung in Düsseldorf. Ihr geht es gut, und dem Papa geht's bestens. Etwas Egoismus ist offensichtlich ganz okay. Udo geht mit seinen 75 Jährchen am Buckel nach wie vor auf Tournee. Und verneigt sich bei der Zugabe unter donnerndem Applaus im weißen Bademantel. Wie eh und je.
Andere rackern frustriert weiter wie der 54-jährige Wirt meines Vertrauens. Er seufzte zu später Stunde, als ich ihm von den Plänen zu meinem Buch über 50-Jährige erzählte: „Ich

weiß, wir sollen arbeiten, bis wir 68 sind, ordentlich Steuern zahlen und dann am besten mit 70 sterben, damit wir niemandem zur Last fallen. Und was steht in deinem Buch? Dass wir noch mehr arbeiten sollen!?!" Als ich ihm versicherte, dass genau das Gegenteil mein Anliegen ist, lud er mich auf ein Bier ein und bestellte vorab ein Exemplar. Um dann zu Gästen zu eilen und sie zu einem gerade freigewordenen Tisch zu bringen, während seine Frau ihm aus der Küche zurief, dass das Hirschragout aus ist. Das Paar hat nette und tüchtige Kinder – aber es ist fraglich, ob und wann sie den Betrieb übernehmen werden. Es könnte also sein, dass sich die beiden für einen zukünftigen Pächter oder Käufer abrackern, der ein gutgehendes Wirtshaus übernehmen kann. Besser wäre es, jetzt die Zeit zu nutzen und sich nicht abzurackern, sondern das zu tun, worauf man Lust hat.

In unserem *second life* sollten wir etwas völlig Neues unternehmen. Wenn wir tagaus, tagein dasselbe tun, kann das Leben schnell wie ein einziger Tag werden. Besonders schlecht, wenn es auch noch ein fader Tag ist. Einige bekommen dann aus Panik die Eventeritis und rennen von Veranstaltung zu Veranstaltung. Das kann aber genau so langweilig werden. Denn irgendwie gleichen sich nach einiger Zeit all diese Parties, Premieren und Clubtreffen. Und am langweiligsten ist es, mit Promis wegzugehen. Die werden immer nur fotografiert und müssen sich gut benehmen. Außer es handelt sich um Kid Rock oder so.

Ab 50 ist auch die ideale Zeit, etwas Riskantes zu tun, das Spaß macht. Wenn wir jetzt verunglücken, verlieren wir viel weniger Lebensjahre als mit 20. Wenn uns das klar wird, können wir über Nacht zu einem gefährlichen Raubtier mutieren. Früher sprachen wir noch etwas abfällig über Ältere als *die Kukidents*, deren Hauptsorge die Reinigung der dritten Zähne ist.

Das war gestern. Das Abenteuer des Lebens gibt uns Biss. Wir sind alterslos, nicht zahnlos. Wobei uns die Grenzen schon bewusst sind. So habe ich mit 50 endlich meine erste Skitour in Angriff genommen. Ich weiß, das ist nichts Sensationelles, aber ich habe es einfach nicht früher geschafft. In drei Stunden war ich auf dem Gipfel auf 1600 Metern Seehöhe – und dann sah ich die Steilhänge, die ich runterfahren sollte. Ich überholte meine beiden Begleiter. Allerdings kopfüber und auf dem Hosenboden. Noch einige Zeit danach spürte ich bei jeder Bewegung meine beleidigten Knochen. Aber ich bin froh, dass ich die Tour gemacht habe. Und weil ich nicht an Reinkarnation glaube, weiß ich, dass ich diese Erfahrung zum letzten Mal gemacht habe.

Apropos Philosophisches: Altern ist mehr als ein allmählicher Verfallsprozess. Der griechische Philosoph Aristoteles sprach von der Vollendung des Körpers mit 35. Ich habe mit 40 zu joggen begonnen und bin sicherlich weit entfernt von der Vollendung. Sagte zumindest der Typ im Fitnessstudio bei meinem ersten Besuch. Müsste ihn nochmals fragen, falls ich dort jemals wieder hingehen sollte. Und Aristoteles sprach auch davon, dass der Geist erst nach 50 vollendet wird. Na eben.

Vollendung hat auch damit zu tun, dass wir uns alle ein Stück vom Glück abschneiden. Aber wenn wir in einer lieblosen Beziehung feststecken, eine Arbeitsstelle haben, wohin wir uns täglich widerstrebend schleppen, wird es schwierig, vom Glück zu reden. Vielleicht werden wir glücklicher, wenn wir die Beziehung beenden und die Arbeit kündigen? Käme auf den Versuch an. Wie der dann aussieht, ist eine zweite Sache. Jedenfalls hätten wir die Chance, etwas Neues zu erleben, und sind auch geübter im Beenden und Neubeginnen. Es gehört zum Leben, dass man gewinnt und verliert (aber nicht immer),

gibt und nimmt (aber auch nicht immer), loslässt, was einem schadet, und festhält, was einem gut tut.
Ich habe mir einmal aus einem mir nicht mehr gegenwärtigen Magazin folgenden Leserbrief ausgeschnitten: „Ich habe immer darauf gewartet, dass das Leben auch für mich anfängt. Dass es plötzlich über Nacht kommt und da ist. Ich hatte immer das Gefühl, noch nicht mein richtiges Leben zu haben. Sondern nur ein provisorisches, das ich nun eben vorläufig lebe, während ich auf das Richtige warte". Das beschreibt ein Lebensgefühl, das vielen nicht fremd ist. Und das darf ab 50 nicht mehr so sein.
Nehmen wir uns ein Beispiel an David Attenborough: Er bekam 1972 als Programmdirektor der BBC das Angebot, Generaldirektor zu werden, und lehnte es ab. Er war damals 46 – also ein frühreifer Fünfziger. Stattdessen begann er, sich auf das zu konzentrieren, was ihm wirklich Spaß macht. Er begann Naturdokumentationen zu drehen, erfand unter anderem *Universum* und gilt heute als *godfather* dieses Genres. Er reist noch heute mit 83 Jahren – nun als ein von der Queen geadelter Sir – durch die entferntesten Gegenden der Welt, um Filme zu drehen.
Auch wenn seine Dokumentationen nicht preisgekrönt und weltbekannt geworden wären, hätte er diesen Schritt keine Sekunde bereut. David Attenborough wollte nicht mehr weiterhin in seinem Superbüro mit Superblick über London im Superjob zu einem Supergehalt etwas machen, was er gar nicht mehr super fand. Das gilt auch für uns. Besonders wenn wir keine Beförderung ablehnen können und es uns nervt, dass Jüngere plötzlich unsere Chefs werden, und wir eigentlich unseren ganzen Mut zu einer Veränderung aufbringen müssen, weil wir Angst haben, als schwer vermittelbar in einer Arbeitslosenschulung zu landen. Umso bewundernswerter ist

dann unsere Entscheidung. Wir gehen ein Risiko ein, weil das Leben nun einmal für Lebende lebensgefährlich ist. Tausendmal besser als der langsame Tod in der Alltagsroutine.

Was andere zu unserem Ausstieg oder Umstieg sagen oder denken, ist egal – wir berufen uns auf die Narrenfreiheit aller über 50. Geschenkt bekommen wir diese Freiheit nicht – wir müssen sie mit einer radikalen Entscheidung erkämpfen, die oft keiner versteht als nur wir selbst. Aber da es um uns geht, ist das auch ganz in Ordnung.

Es gibt nur eine Person, die das Leben aus ihrer Perspektive erlebt. Das sind wir selbst. „Jedermann bin ich" bedeutet, dass jeder sein Leben immer zuerst aus seiner Sichtweise betrachtet. Logisch. Und es kann daher auch niemand besser beurteilen, was für uns gut ist als wir selbst. Kein Mensch auf dieser Welt ist genauso aufgewachsen wie ich und hat meine Erfahrungen, Prägungen, Fähigkeiten und Wünsche. Wie sollte daher jemand anderer entscheiden können, welcher Weg für mich richtig ist?

Das bedeutet jetzt aber nicht, dass wir besserwisserischer, intoleranter und starrsinnig unbelehrbarer werden sollen. Denn nur wer lernwillig bleibt und sich ändern will, kann sich positiv entwickeln. Zu sagen, „ich weiß das nicht" oder „ich habe das jetzt nicht verstanden" und dafür für dumm gehalten zu werden, ist allemal besser, als nichts Neues zu erfahren. Auch mit 50 ist niemand dazu verpflichtet, den Allwissenden spielen zu müssen. Das durchschauen die Intelligenten sowieso ziemlich bald. Und leider auch rachsüchtige Teenagertöchter, die uns dann vor anderen Familienmitgliedern blamieren, indem sie aus dem Nichts heraus nach dem Namen der Hauptstadt von Litauen fragen, aus der diese – schon erwähnte – Punkband stammt. Sie heißt übrigens Vilnius. Die Hauptstadt mit 600.000 Einwohnern – nicht die Band.

Da es unser Leben ist, sind wir allein dafür verantwortlich, es so zu leben, wie wir das möchten. Wer sonst sollte das für uns erledigen? Meine Tochter argumentiert übrigens genauso und meint, dass ich mich viel zu viel in ihr Leben einmische. Mit 14 sei sie alt genug selbst zu wissen, was für sie richtig ist. Da ist sie allerdings völlig im Unrecht. Man muss 50 sein. Mindestens.

Bist du, was du isst?

„Gesundheit ist das Wichtigste im Leben". Diese Binsenweisheit habe ich bis zum Abwinken gehört und dazu genickt, damit man mich in Ruhe lässt. Aber warum soll es eigentlich das Wichtigste sein? Klar, weil man sein Leben nicht mehr in vollen Zügen genießen kann, wenn man ernsthaft krank ist. Aber wenn man sich dafür kasteien muss, dass man gesund bleibt, ist man so eingeschränkt, als ob man bereits krank wäre. Man kann das Leben dann erst recht nicht mehr genießen. Obwohl man noch kerngesund ist. Das scheint mir kein Vorteil zu sein, sondern irgendwie unlogisch.
Natürlich weiß man mit 50, dass es sich auszahlt, auf seine Gesundheit zu achten. Wir kriegen jetzt schon die Rechnung serviert, wo wir früher über die Stränge geschlagen haben. Einige Leberzellen haben sich verflüssigt. Zuviel graue Masse ist abgestorben, weil wir das Gehirn manchmal ausschalteten. Und wie viel Sondermüll wir bereits in uns hineingestopft haben, wissen nur wir und die bekanntesten Fastfoodketten.
Wobei das Leben da mehr als ungerecht ist. Einige leben schon Jahrzehnte von Junkfood und bleiben kerngesund. Ich arbeitete lange mit einer gertenschlanken Moderatorin, die noch nie einen Zahnarzt brauchte, obwohl sie alles isst, wovor sie in ihrer Gesundheitssendung warnte. Und sie wird auch schon 50. Andere joggen täglich und essen Berge von Salat und Gemüse, und ihr Zahnarzt hat ihnen schon das Du-Wort angeboten. Meiner heißt Wolfgang.

Was hilft es da, wenn uns das Rostocker Zentrum zur Erforschung des demografischen Wandels mahnend belehrt, dass Männern die Arbeitslosigkeit 14,3 statistische Lebensjahre kostet und eine Scheidung beide Geschlechter – endlich einmal Gerechtigkeit – neun Jährchen. Gleichzeitig betont die Studie, dass man älter wird, wenn man verheiratet ist oder in einem Zweipersonenhaushalt (Hotel Mama gilt aber nicht) lebt. Als ob man sich eine Scheidung böswillig aussuchen würde. Zu starker Alkoholkonsum verringert die Lebenserwartung von Männern um 16,2 Jahre. Frauen zahlen für zuviel Prosecco gleich mit 23,1 Jahren. Wenn wir in unserer Stammkneipe rauchen, sind wir nach dieser Statistik schon so gut wie tot. Und das hat nichts damit zu tun, dass es jetzt ein Nichtraucherlokal ist. Der Schauspieler Johannes Heesters muss diese Studie auch gelesen haben. Er hat mit 104 Jahren das Rauchen aufgegeben.

Einige Wissenschaftler vertreten die These, dass durch Genmanipulation bald jeder vierte Erdenbürger über 100 werden kann. Aber das ist ein Thema für die kommenden Generationen. Ich bin mit 97 schon völlig zufrieden. Zu rauchen habe ich übrigens aufgehört, als ich eines Morgens keine Zündhölzer fand. Beim Versuch, die Morgenzigarette an einer rotglühenden Herdplatte zu entzünden – zuvor versuchte ich es an der Glühbirne der Nachttischlampe –, setzte ich meine damals noch längeren Haare in Brand. Seitdem weiß ich, wie gefährlich das Rauchen ist.

Übrigens wirken sich Matura und ein Angestelltenverhältnis auch positiv aufs Lebensalter aus. Jetzt ist mir endgültig klar, warum die Unis so viele Studenten über 50 haben. Aber nicht aufregen bei den Prüfungen. Unbehandelter Bluthochdruck treibt das Lebensalter bei Männern um 7,4 Jahre hinunter. Frauen sollten sich noch weniger aufregen, denn das schlägt

sich statistisch sogar mit minus 12,4 Jahren zu Buche. Und Diabetes verkürzt die Lebensspanne bei Männern um dramatische 21,4 und bei Frauen um 20,8 Jahre. Uff. Also wenn ich jetzt alles zusammenrechne und von möglichen 100 Jahren ausgehe, würde Arbeitslosigkeit allein schon mein sofortiges statistisches Ableben bedeuten. Damit wäre eine Kündigung bei mir wie vorsätzlicher Mord. Werde ich bei Gelegenheit meinem Chef erzählen. Interessant ist auch, dass die Lebenserwartung für Frauen steigt, wenn sie ein bis zwei Kinder geboren haben. Das ist wieder typisch. Die Zeugung selbst bringt einem nichts. Man vermutet, dass sich Kinder positiv auf das soziale Umfeld auswirken. Das stimmt. Ohne meine Teenagertochter hätte ich beispielsweise nie Abholautofahrten zu mitternächtlicher Stunde – „Was für einen Seniorensender hast du denn im Autoradio eingestellt?" – erleben und dabei die Elternhäuser ihrer wortkargen Freundinnen von außen erspähen können. Aber warum steigt die Lebenserwartung für Männer nicht, wenn sie Kinder großziehen? Ich habe da so meine Zweifel, ob die statistischen Angaben auch alle stimmen. In vielem hat diese Statistik aber Recht. Sich zu Tode saufen, fressen und rauchen sind keine intellektuellen Meisterleistungen. Da wir alle so lang wie möglich gesund bleiben wollen, geht es nicht ohne etwas Disziplin. Aber das bedeutet nicht, dass wir krampfhaft versuchen, alle Wehwehchen prophylaktisch durch Askese zu verhindern.
Was wiederum keinesfalls heißt, dass man Vorsorgeuntersuchungen auslassen soll. Obwohl ich bekennender Hypochonder bin, überwinde ich mich jährlich zu unangenehmen Prostata-Untersuchungen. Wenn mir der Arzt dann – gegen meine Erwartungen – versichert, dass alles bestens ist, feiere ich das in meinem Stammlokal mit einer kräftigen Nierenspülung: Ein paar Bier sind dafür besonders gut geeignet.

Und die Koloskopie – klingt irgendwie besser als Darmspiegelung – fürchte ich. Allerdings Darmkrebs noch mehr. Aber zum Glück ist sie nur alle fünf Jahre notwendig. Der Arzt meines Misstrauens zeigte mir am Monitor die Fahrten durch die verborgenen Windungen meines Inneren. Er denkt wirklich, dass mich das interessiert. Aber wehre dich einmal energisch, wenn du einen Schlauch in den Eingeweiden hast! Meines Arztes Mangel an Menschenkenntnis zeigt sich schon darin, dass er mich für einen mutigen Patienten hält, weil ich die Beruhigungsspritze vor dieser Folter ablehnte. Das hat aber nur mit meiner Spritzenphobie zu tun.
Es ist also vor allem meine Angst, wirklich krank zu werden, die mich zu diesen Untersuchungen treibt. Eigentlich auch übertreibt. Haben Sie sich schon einmal den Augenhintergrund ansehen lassen, ob es eine verdeckte Schädigung der Gefäße durch erhöhten Blutdruck gibt? Das ist übrigens ziemlich relaxing. Man muss immer nur ein Auge öffnen. Und danach gibt es wieder einen Grund zum Feiern, dass wir gesund sind. Doch vor allem mit Krebsvorsorgeuntersuchungen ist nicht zu spaßen. Wenn der Krebs zu spät entdeckt wird, ist Schluss mit lustig.
Als wir 2007 den slowenischen Präsident Janez Drnovsek für ein längeres Interview besuchten, war der freundliche Mann leider bereits schwer erkrankt. Nierenkrebs. Er lebte nun als Veganer und aß also weder Fleisch noch Milchprodukte und Eier. Im Februar 2008 verstarb er. Zuvor hatte er noch einen Bestseller über seine philosophische Sichtweise der Welt geschrieben. Selbst seinen beiden Hunden fütterte er jahrelang kein Fleisch. Sie überlebten ihn nicht. Das erinnerte mich an einen Freund, der seinen Schäferhund ebenfalls vegetarisch ernährte. Er war überzeugt, dass das Tier so weniger aggressiv wird. Als er ein befreundetes Paar besuchte, stürzte plötzlich

die achtjährige Tochter weinend aus dem Kinderzimmer. Das sanfte Hündchen hatte die Gunst der Stunde genutzt und in einem unbeaufsichtigten Moment das Meerschweinchen der Kleinen verzehrt. So edel der Gedanke eines gemüsefressenden Hauswolfes auch ist – es war sinnlos, gegen die Natur zu handeln.

Überzeugte Vegetarier argumentieren aber, dass der Mensch von Natur aus kein Fleischfresser ist. Argumente dafür sind das Gebiss und die Darmlänge. Das wird seit Jahrzehnten heiß diskutiert. Plato und Nietzsche propagierten eine fleischlose Kost. Paul McCartney und Bob Marley auch. (Nur so nebenbei: Der kiffende Reggae-Star starb an Lungenkrebs.) Aber es gibt klare Hinweise, dass es gesünder ist, Vegetarier zu sein. Epidemiologische und klinische Studien beweisen immer wieder ein geringeres Risiko, an Krebs zu erkranken. Aber es gibt natürlich keine Garantie, dass sich der Verzicht gerade für mich lohnt. Trotzdem – es schadet nicht, ab 50 weniger Fleisch zu essen. In diesem Alter braucht man auch keine 2000 bis 3000 Kalorien mehr, wenn man kein Schwerarbeiter ist. Normalerweise genügen jetzt knapp 2000 völlig.

Leicht gesagt. Mir liegt gerade das Viertel einer Weidegans mit Semmelknödel und Weinrotkraut schwer im Magen. Vom Rotkraut hatte ich noch eine Portion nachbestellt. Man muss eben auf seine Gesundheit achten. Besonders Hypochonder. Also eigentlich alle Männer. Ich habe dann kein Vanilleeis zu meinem Apfelstrudel-Dessert genommen. Denn ich bin – wie nur ganz wenige Männer – eitel und achte auf meine Figur. Ich weiß genau, wann ich diese zehn Kilo zu viel zugenommen habe. In den Jahren 2006 und 2007. Dabei ist Ernährung seit über 30 Jahren mein Hobby. Drei Jahrzehnte! Ich bin in einem Alter, in dem ich so etwas ganz locker sagen kann. Das verwundert und erschreckt mich gleichzeitig. Vor einem Viertel

Jahrhundert hätte sich niemand vorstellen können, dass man Bio-Lebensmittel jemals in allen Supermärkten in den Regalen finden würde. Man musste in Alternativläden einkaufen, wo man davor Angst haben musste, nicht bedient zu werden, wenn man nicht in *Birkenstock*-Schlapfen erscheint. Heute gibt es allein in Österreich über 20.000 Biobetriebe. Aber in unserer Generation sind eben die Revoluzzer zu Hause. Was heute normal ist, haben wir mit viel Einsatz erst möglich gemacht.
Mit 46 wurde ich Chefredakteur eines Gesundheitsmagazins im ORF-Hauptabendprogramm. Ich setzte in den ersten beiden Sendungen auf das Thema Ernährung und wir hatten sensationelle Quoten. Mein Nachfolger versuchte es später mit allgemeinen Gesundheitsthemen. Bald war nur mehr die Hälfte der Zuseher dabei, und die Sendung wurde eingestellt. Menschen wollen nichts über Krankheiten lernen, an denen sie glücklicherweise gar nicht leiden. Sie wollen aber wissen, wie man dynamisch und fit bleibt.
Die ersten Sendungen hatten auch mit dem Thema Übergewicht zu tun. Mir ist es unbegreiflich, dass bereits sehr wohlbeleibte Menschen – man könnte sie auch fett nennen – immer noch riesige Eisbecher und Cremetorten verzehren und dazu literweise überzuckerte Softdrinks in sich hineinleeren. Solche Gewohnheiten sind kein Genießen, sondern eine Sucht. Die übergewichtige Sängerin Stefanie Werger (56) tourt mit ihrem Kabarett-Lied-Programm *50plus! Gnadenschuss!* durch die österreichischen Städte. Und schimpft auf der Bühne über alle und alles. Aber sie lebt ihr Programm sehr authentisch und vertilgt nach der Vorstellung überdimensionale Desserts. Ihr Publikum liebt sie dafür, aber ob sie – und ihr Mann – mit ihrer Leibesfülle wirklich glücklich sind, weiß ich nicht.
In der Gesundheitssendung ließen wir das Publikum einmal raten, wie viele Zuckerstückchen in einem Liter Eistee sind.

Fast niemand hielt die Menge von 18 Würfeln für die richtige Antwort. Klar, dass Übergewicht zur Volkskrankheit wurde. Der Zusammenhang zwischen Krebserkrankungen und Ernährungsgewohnheiten ist ebenfalls eindeutig wissenschaftlich bewiesen. Wer das nicht glaubt, der will es eben einfach nicht wahrhaben. Und damit sind wir dort, wo ich hinwollte. Wir wissen es – und entscheiden selbst. Punkt. Aus.

Die unaufhörliche Antizucker- und Antifettkampagne nervt. Mittlerweile weiß doch jeder halbwegs gebildete Mitteleuropäer, dass zuviel davon ungesund ist. Niemand kann gegen seinen Willen überzeugt werden. Besonders nicht von verschrobenen Zeitgenossen die gertenschlank – eher schon verhärmt – ihre biologischen Tees brauen und Körner knabbern. Solche schrulligen Typen vermitteln keine Lebensfreude. Auch wenn sie mit ihren Ansichten Recht haben sollten.

Als Journalist wollte ich es natürlich genau wissen. Und fand Meinungen wie Sand am Meer. Die sich vehement widersprachen. Essen Sie jeden Morgen ein Müsli. Müsli verschlackt den Körper. Birnen sind gesund. Birnen fördern Darmkrebs. Kürbiskerne verhindern Krebs. Kürbiskerne speichern gefährliche Gifte. Die Enzyme der Karotten verlängern ihr Leben. Karotten schaden ihrer Leber. Kuhmilch ist gut für die Knochen. Kuhmilch verschleimt den Körper. Ärgerlich, wenn man sich jahrelang mit vielen Entbehrungen ernährt, und plötzlich ist alles anders.

Da die Experten einander stets widersprechen, überlegte ich mir einen simplen direkteren Recherchezugang. Ich versuchte herauszufinden, welche Menschen das höchste Lebensalter erreichen und ob es einen Bezug zu ihren Lebensgewohnheiten gab. Einige Jahre später hatte ich die Antwort und doch keine. Die zuvor erwähnten 102-jährigen Zwillinge aßen alles, was gut und verboten ist. Anderen Methusalems zufolge muss man sich spartanisch ernähren, um steinalt zu werden. Und der Verzicht ist mir diese zusätzlichen Lebensjahre nicht wert, zumal die Gene schließlich ebenfalls ein lautes Wörtchen mitreden. Es hat schon seinen Grund, dass Ärzte über die Krankheiten unserer Eltern und Großeltern Bescheid wissen möchten. Auf der japanischen Insel Okinawa fand man den weltweit höchsten Anteil Überhundertjähriger. Sie salzen ihr Essen weniger und essen viel Gemüse und wenig Fett. Aber man fand bei ihnen auch ein Gen, das nun unter Verdacht steht, für hohes Alter verantwortlich zu sein.

Vergeuden wir also nicht die guten *50plus*-Jahre damit, dem Leben vielleicht noch zwei Jährchen abzuluchsen, um dann 97 statt 95 zu werden. Erinnern Sie sich an Johannes Heesters? Mit 105 bekam er im Dezember 2008 bei Thomas Gottschalk in *Wetten, dass* Standing Ovations. Für sein Singen, nicht für seine Nikotinaskese ab 104.

Wir sollten unseren Körper aber nicht bewusst schädigen. Wenn man des Morgens das Spiegelei mit biologischem Olivenöl anbrät, dann lässt das Eigelb zwar das schlechte Cholesterin ansteigen, aber das Olivenöl (wenn es nicht zu sehr erhitzt wird) treibt das gute HDL-Cholesterin in die Höhe. Der Ausgleich funktioniert wirklich. Genauso wie von fetttriefenden Pommes vom Fastfood (in den USA sind übrigens Transfette bereits verboten) durch frischen Fisch. Unser Vanilleeis reichern wir mit Enzymen und Vitaminen in Form von frischen Erdbeeren an. Denn Balance gehört zur Lebensweisheit von *50plus.* Lassen wir uns nicht verrückt machen von all den Ernährungsgurus, die unsere wichtigsten Jahre mit Verboten ungenießbar reden wollen. Wer nie genießt, wird selbst ungenießbar. Es geht nicht darum, dem Leben mehr Jahre, sondern den Jahren mehr Leben zu geben.

Wenn man sich extrem gesund ernährt, kann man auch nie

verrückte exotische Gerichte ausprobieren. Schon einmal Fischkopfsuppe und rohes Seeigelsushi probiert? Das hat mir sicherlich nicht geschadet, weil es nur ganz kurz in meinem Magen blieb. Und ich weiß seit meinem Besuch auf einem südchinesischen Markt, wonach Schlangenhamburger schmekken. Nach Schlange. Im restlichen China habe ich einige Tiere verzehrt, die ich lebend freiwillig nicht einmal streicheln würde. Nur den Schafskopf mit gesottenem Hirn in Albanien und die gegrillte Feldratte am Spieß in Thailand habe ich verweigert. Krokodilragout und Känguruschnitzel wiederum schmecken einfach tierisch gut.

Allein diese kulinarischen Abenteuer sind mir wichtiger als asketische Zusatzjahre. Ich will bei Hochzeiten ein Stück zuckersüße Torte essen. Von mir aus auch rosarot. Und meine Sachertorte zum Geburtstag. An gewissen Festtagen gehört eine fette Ente ins Backrohr. Das ist doch so gedacht. Der Mensch ist imstande, Essen zu genießen, und er kann tausende von Geschmäckern unterscheiden.

Und wenn ich mir meine Katze so anschau, dann weiß ich, dass Genießen nicht unbedingt eine menschliche Eigenschaft ist. Als mir einmal das Futter ausging, musste ich ein überteuertes Produkt an einer Tankstelle kaufen. Tagelang rührte die Mieze dann das normale Billigfutter nicht mehr an. Aber ich war konsequent und ging nicht mehr zur Tankstelle. Im Großhandel bekommt man ihr neues Lieblingsfutter in Riesenpackungen um einiges billiger.

Mit 50 sollte man auf jeden Fall gelernt haben, auf seinen Körper zu horchen. Er teilt uns mit, was er möchte. Meiner liebt schon jahrelang Budweiser Bier. Jetzt haben Wissenschaftler entdeckt, dass die Folsäure im tschechischen Bier krebshemmend ist. Ich bin dieser Erkenntnis Jahre voraus gewesen.

Außerdem bin ich auch schon lang der Meinung, dass das Le-

ben zu kurz ist, um schlechten Wein zu trinken. Mit 50 stimmt das jetzt noch mehr. Ich liebe Barrique-Weine. Jetzt entdeckt man, dass die Tannine – das sind natürlich vorkommende Gerbstoffe, die unter anderem in den Schalen, Kernen und Stielen von Weintrauben vorkommen und beim Maischen in den Traubensaft gelangen – krebshemmend sind. Und preist das Resveratrol im Rotwein als neues Anti-Aging-Wundermittel. Es zahlt sich eben aus, auf seinen Körper zu horchen. Darum war ich auch Fan von Michel Montignac – der Franzose empfiehlt seitenweise Rotweine in seinem Diätbuch. Santé! Krampfhafte Lebensverlängerungsversuche durch extreme Regeln rentieren sich nicht. Warum sollten wir dann unseren Lebensstil nach irgendeiner Expertenmeinung ausrichten, wenn selbst die Topmediziner uneinig sind?
In einer meiner Talkshows diskutierte der Primar einer Nervenheilklinik mit dem medizinischen Leiter eines Rehabilitationszentrums über den Genuss von Alkohol. Einer behauptete, täglich drei Gläser (zu je 0,3 Liter) Bier seien die beste medizinische Vorsorge. Der andere war überzeugt, dass man bei diesem Konsum bereits nach einem Jahr Alkoholiker sei. Keine Ahnung, wer Recht hat. Ich werde das heute Abend praxisorientiert bei einem Bierchen mit dem Wirt meines Vertrauens in der Stammkneipe besprechen.
Niemand kann gegen seinen Willen überzeugt werden. Fernsehsuperstarkoch Jamie Oliver versuchte, in Großbritannien mit der Kampagne *Feed me better* gesundes Essen in den Schulkantinen einzuführen. Das Resultat war, dass 400.000 Schüler (12,5 Prozent) kein warmes Mittagessen mehr kauften, sondern mitgebrachte Jausenbrote – bevorzugt mit Mayonnaise – verzehrten. Ganz einfach deswegen, weil sie selbst entscheiden wollen, wie gesund sie essen wollen. Ich verstehe das als 50-Jähriger. Unter anderem, da ich auch eine Tochter im

schulpflichtigen Alter habe. Die wiederum nicht versteht, dass ich mich im Auto oft nicht anschnalle, obwohl es Gesetz ist. Ich erkläre ihr dann, dass es in meiner Jugend noch jedem frei überlassen war, ob er einen Sicherheitsgurt anlegt. Weil es um meine eigene Gesundheit geht und ich so zwangsbeschützt werde. Jetzt diskutiert man auch schon über die Helmpflicht beim Skifahren. Bald werden auch Jogger gezwungen werden, in der Dunkelheit mit Stirnlampen zu laufen. Und es müsste dann eigentlich logischerweise auch bald ein Gesetz geben, dass Menschen verbietet, mehr als eine Tafel Schokolade am Tag zu essen. Das ist aber ein blödes Argument – findet meine Tochter übrigens auch – weil neueste Untersuchungen beweisen, dass Schokolade gut für die Herzkranzgefäße ist. Also dann: Anschnallen und Vollgas. Das Leben wartet auf uns.

Lässige Gelassenheit

Im Leben Vollgas geben ist natürlich nur symbolisch gemeint. Bei manchen Dingen ist man ab *50plus* nun gelassener unterwegs – besonders im Verkehr. Nein, in diesem Kapitel geht es nicht um Sex. „Alle reden vom öffentlichen Verkehr und keiner tut es" ist ein Missverständnis. Es geht hier vorerst nur ums Autofahren. Und da wir nicht zu Hause vermodern wollen, sondern die Straßen mehrheitlich bevölkern, ist das für uns ein wichtiges Thema.

Zuerst ein Outing. Ich habe bis heute Vorurteile gegen männliche Autofahrer mit Hut. Die meisten dieser Zeitgenossen fahren, als ob die Straße ihnen gehöre und alle anderen rechtlos seien. Behäbig schleichen sie in 50er-Zonen prinzipiell mit 35 dahin (fahren allerdings mit derselben Geschwindigkeit in Tiefgaragen herum), bremsen in den harmlosesten Kurven und ignorieren alle anderen Verkehrsteilnehmer. Ich habe herausgefunden, woher diese Verhaltensweise der fahrenden Hutträger stammt: Ursprünglich durfte nur der Bauer bei Tisch seine Kopfbedeckung auf lassen, die Knechte mussten sie abnehmen. So war der Chef von weitem für alle klar erkennbar. Männer, die im Auto den Hut auf dem Kopf lassen, signalisieren unbewusst, dass sie ihrer Meinung nach die Herren der Landstraße sind. Nach 32 Jahren hinter dem Lenkrad weiß ich, dass an meiner These etwas Wahres sein muss. Viele dieser rücksichtslosen Extremisten sind gut behütet. Sie fahren, wie sie wollen. Hinter ihnen die Sintflut.

Und dann gibt es noch jene Verkehrsteilnehmer mit schlohweißem Haar, die meistens nur auf Kurzstrecken dahinkriechen. Sie fahren nur so langsam, weil ihre Reaktionszeiten verlängert sind (das habe ich jetzt echt nett gesagt) und sie nicht über ihre Verhältnisse fahren wollen. Das ist voll okay. Super, dass sie sich bei guter Gesundheit auch mit 95 noch ans Steuer setzen. Auch wenn sie jedes Jahr immer langsamer unterwegs sind. In dieser Hinsicht werden wir mit jedem Jahrzehnt toleranter. Bis wir selbst Toleranz brauchen. Ab 50 verstehen wir auch immer besser, warum es einige nicht mehr so eilig haben wie früher. Man kommt doch immer zu allem rechtzeitig genug an. Mag sein, dass andere einige Minuten auf uns warten müssen, man die Werbung im Kino versäumt oder etwas später zum Essen kommt – egal. Der Blick zurück lehrt uns, dass es sich nie auszahlt, zu einem Termin zu hetzen. Frauen wissen das instinktiv und überprüfen vor der Abfahrt noch einmal in Ruhe ihr Make-up, auch wenn sie schon viel zu spät dran sind. Und fragen dann noch: „Findest du, dass dieses Kleid für heute Abend passt?" Männer ab 50 haben genug Lebenserfahrung, um die Unsicherheit hinter dieser – nur scheinbar – harmlosen Frage zu erkennen. Jetzt heißt es, gelassen Nerven zu bewahren, um den Abend noch zu retten. Ein Hinweis auf die bereits halbstündige Verspätung oder eine Schnellabfertigungsantwort wären ein fataler Fehler. Der gelassene *50plus*-Gentleman mustert seine Begleitung kritisch und liebevoll von oben bis unten. Dann versichert er im Brustton der Überzeugung – selbst wenn sie den Küchenvorhang umgehängt hat – dass sie einfach umwerfend aussieht. Er seufzt: „Den ganzen Abend werde ich nun damit beschäftigt sein, die Verehrer von dir fernzuhalten." Sie schmilzt dahin, zieht sich vor allem nicht mehr um und ist bester Laune. Es juckt uns jetzt zwar auf der Fahrt der rechte Fuß, doch wir geben nicht mehr Gas. Denn wenn wir mehr Tempo machen, um ihre Trödelei aufzuholen, und dann in die Radarfalle fahren, sagt sie vorwurfsvoll: „Warum musst du auch so rasen?“ Da kann auch der gelassenste Typ unvermittelt auszucken. Also besser ganz relaxed zur Party. Die wichtigen Dinge im Leben werden auch nicht versäumt, weil man zu wenig Gas auf der Autobahn gibt, sondern weil man zu oft bei Entscheidungen auf der Bremse steht.

Outing Nummer 2. Theoretisch weiß auch ich, dass es zeitlich nicht viel bringt, um 15 bis 20 Stundenkilometer schneller zu fahren. Ich korrigiere das. Es bringt *mir* nichts. Der Staat baute mit dem Geld meiner Strafmandate schon ein kleines Stück Autobahn. Und ich unterstützte sicherlich den Polizeiapparat mit meinen unfreiwilligen Spenden bei seiner Hauptaufgabe. Damit meine ich natürlich die Verbrechensbekämpfung und nicht die Anschaffung neuer Radargeräte. Besonders aufdringlich finde ich Zivilstreifen, die einen völlig unvermutet anhalten. Pädagogisch ist es überhaupt bedenklich, wenn der Vater gestraft wird, während sein Kind im Auto sitzt. Das unterwandert massiv die elterliche Autorität. Ich erklärte dem Polizisten dann zwar, dass man mit 50 nicht mehr aus jugendlichem Leichtsinn zu schnell fährt, sondern weil man einfach routinierter und erfahrener ist und die Gefahren besser einschätzen kann. Der junge Beamte wurde daraufhin lästig und inspizierte Warndreieck, Pannenweste und Verbandszeug. Und meckerte an meinem Führerscheinfoto rum. Ist doch erst 32 Jahre alt und Schnauzbärte werden jetzt auch wieder modern. Ich bin mir sicher, dass während dieser sinnlosen Diskussion zwei Banken überfallen wurden. Die Mafia hält sich bei der Flucht vermutlich ans Tempolimit – solche auffälligen Fahrzeuge sollten sie besser gründlich kontrollieren statt unbescholtene Bürger zu piesacken.

Verstehen Sie mich aber nicht falsch. Rasen ist verantwortungslos. Ich habe einmal drei Tote in einem Massencrash im Nebel auf der Autobahn in ihren Wracks gesehen. Das sitzt tagelang in den Knochen, und die Bilder wird man so schnell nicht mehr los. Aber deswegen fährt man bei klarer Sicht und klarem Verstand auf der Autobahn nicht 100, wenn 130 erlaubt sind. Vorbildhafte Fahrlehrer sind normalerweise privat auch weder wie Lebensmüde unterwegs, noch halten sie den Verkehr durch Überkorrektheit auf. Denn auch sie bremsen nicht unnötig heftig ab vor einem Kreisverkehr, wenn weit und breit kein weiterer Verkehrsteilnehmer zu sehen ist, auch wenn dies Vorschrift ist.

Mit *50plus* werden wir aber auf jeden Fall gelassener – oder besser gesagt lässiger. Wir geben einem Autofahrer Vorrang, wenn er verzweifelt auf der falschen Abbiegespur steht. Wenn er attraktiv und vom anderen Geschlecht ist, kann ihm das bei unserer Spontanentscheidung zusätzlich helfen. Im Stau fahren wir keinen Slalom, weil wir wissen, dass wir uns sowieso – wie an der Supermarktkassa – am Ende *immer* in der langsameren Schlange befinden. Wir messen uns beim Ampelstart nicht mit einem Youngster neben uns im auffrisierten Proletenboliden. Wer bremst, verliert? Da gewinnt einfach nur das PS-stärkere Auto. Was soll das beweisen? Dass die Gesetze der Physik wahr sind? Für Frauen ist das sowieso kein Thema. Die meisten fahren grundsätzlich anders als Männer. Äh – gefühlvoller. Übrigens ändern sich die Fahrweisen von Männern und Frauen auch aus biologischen Gründen, wenn sie 50 werden. Männer entwickeln etwas mehr Gefühl, und Frauen schalten jetzt einen Gang härter hoch – das ist auch beim Sex so und hat damit zu tun, dass die weiblichen Hormone bei ihm und die männlichen bei ihr zunehmen. Machen Sie ihren persönlichen Crashtest, um herauszufinden, ob stimmt, was

ich hier sage. Aber wir wollten schließlich beim Thema Straßenverkehr bleiben.
Das richtige Auto für die Generation *50plus* muss nicht unbedingt schneller sein als andere. Es muss aber auch nicht das sicherste sein – mit zusätzlichen Airbags für das Steißbein. Es soll zu unserem Typ passen, wenn wir uns das leisten können. Mir ist Bentley aber einfach zu teuer.
Den meisten Frauen ist es sowieso zuerst einmal am wichtigsten, wie das Gefährt (so wie auch der Gefährte) von außen wirkt. Und auch die inneren Werte zählen – edles Holz und hochwertige Sitzbezüge. Aber fragen sie einmal eine Frau, wie viel Hubraum und PS ihr Auto hat. Sie bekommen genauso schlüssige Antworten, wie wenn Männer gefragt werden, was sie gerade denken.
So richtig jung habe ich mich übrigens wieder gefühlt, als ich in einem Automagazin den Gault-Millau-Herausgeber (Österreichausgabe) Karl Hohenlohe vor seinem Oldtimer – einem BMW 502 – stehen sah. Das lag aber nicht am Aussehen des auch schon in die Jahre gekommenen *Kurier*-Kolumnisten, sondern an dem 8-Zylinder, den er als „Barockengel" bezeichnet. Der ist nämlich so wie ich Baujahr 1958. Und im Vergleich zum Wagen habe ich mich halbwegs gehalten. Ob ich allerdings auch so im Wert gestiegen bin – darüber gehen die Meinungen wahrscheinlich weit auseinander.
Mit 50 wird auf jeden Fall der Werbeslogan einer Automarke für uns immer stimmiger: Der Weg ist das Ziel. Es geht plötzlich nicht mehr so sehr darum, wie schnell wir wohin kommen, sondern wir genießen die Fahrt. Wobei ich damit natürlich nicht den Morgenstau am Weg zur Arbeit meine. Ich versuche gerade nur, etwas philosophisch zu sein. Wir sollten ab 50 zwar gelassener werden – aber nicht lethargisch oder phlegmatisch. Gelassenheit ist uns nicht angeboren – sie hat

mit Loslassen zu tun. Über den Dingen stehen. Es ist eine Lebenshaltung, die man sich aneignet.
Als junger Bursche hat mir ein Arbeitskollege erklärt, wie ich die Schimpftiraden unseres cholerischen Chefs ertragen kann. „Stell ihn dir einfach dabei nackt vor“, riet er mir. Mein korpulenter Boss kündigte mich dann während meines Lachanfalls, als er mich zur Rede stellte, weil ich verschlafen habe. Der Trick funktionierte auch nicht, als ich eine wirklich attraktive Chefin hatte. Obwohl sie mich dann manchmal nach einer Kopfwäsche ganz nachdenklich ansah. Einmal meinte sie, „ich wüsste gerne, was Sie jetzt denken“, und ich wurde puterrot. Seitdem wende ich diese Methode nicht mehr an. Als ich 40 wurde, drehte sich das alles völlig um, und ich wurde selbst Chef. Ich weiß allerdings nicht, ob mich einer meiner Untergebenen gedanklich ausgezogen hat. Denn da gibt's wirklich nichts zu lachen.
Ich merke auf alle Fälle, dass ich von Jahr zu Jahr entspannter werde. Wenn dieses bescheuerte Fax auch nach dem dritten Fausthieb aufs Gehäuse noch immer nicht funktioniert, kann man eben einfach nichts machen. Da müssen diese Hinterwäldler, die ihre Bestellungen noch immer wie im Mittelalter gefaxt haben möchten, eben noch warten. Dann sind sie schuld, wenn ich wegen fehlender Unterlagen wichtige Deadlines nicht schaffe und als Versager dastehe. Gelassenheit ist cool.
Die Lebenserfahrung befreit uns auch von gestresster Geschäftigkeit und Karrieregeilheit. Werden unsere Chefs immer jünger, während wir älter werden? Macht nichts. Wenn er in seinem Job gut ist, hat er es verdient. Und hat er es nicht verdient – dann verdient er dennoch wesentlich mehr als wir. Wir wissen, dass das Leben nicht gerecht ist, und es bringt nichts, sich darüber aufzuregen. „Warte am Flussufer, bis die Leichen deiner Feinde vorbeischwimmen“, lautet eine alte In-

dianerweisheit. Manche sind dann beim Warten selbst als einsame Wasserleiche in die ewigen Jagdgründe eingegangen. Wir haben gelernt, dass manche unverschämte Zeitgenossen immer auf die Butterseite fallen und für keine ihrer Sauereien hier und jetzt bestraft werden. Und deswegen ignorieren wir sie am besten. Der Slogan für *50plus* zum Nichtärgern über Andere: „Weil sie es uns nicht wert sind".

Zeit wäre aber jetzt auch dafür, Frieden mit Feinden zu schließen, wo es keinen Sinn ergibt sich zu bekriegen. Stehen wir über den Dingen. Wir sind über 50 und haben es nicht mehr notwendig, auf die Opportunisten und Intriganten stinksauer zu sein, die unsere Karriere torpedierten. Und im Privatleben ist Versöhnung angesagt. Wenn ein Kumpel mit unserer Partnerin ins Bett ging, sollten wir ihm für den Treuetest sogar dankbar sein. Sie war es nicht wert. Der ehemaligen besten Freundin, die uns den Lover ausspannte, können wir aber ruhig weiterhin böse sein – das war echt fies. Sie ist zwar schon mit unserem Ex gestraft genug, aber wer absichtlich bei Rot über eine Kreuzung rast, kommt schließlich auch nicht mit einer Verwarnung davon. Lebenslang wäre das mindeste. Führerscheinentzug natürlich – nicht Gefängnis. Wobei ich auch da schon wieder ins Grübeln komme. Vielleicht sollte man sogar der Freundin verzeihen, wenn es ihr wirklich leid tut. Hat irgendwie Größe. Sonst denkt der Typ am Ende, man steht noch immer auf ihn. Was? Das ist auch so?!? Wenn Sie den Kotzbrocken weiterhin idealisieren, vergeuden Sie ihre zweite Lebenshälfte sinnlos mit Selbstmitleid. Das ist kein Ex-Partner wert. „Es war ne geile Zeit, es tut mir leid, es ist vorbei … " (Juli) – so sollte das ein für allemal abgehakt werden. In unserem Alter ist keine Zeit dem nachzutrauern, was längst vorbei ist. Wir brauchen Motivation und eine positive Haltung in diesen wichtigen Jahren.

Spätestens mit 50 entdecken wir nämlich, dass uns Geld auch immer weniger motivieren kann. Aber dafür ängstigt uns auch das Damoklesschwert einer langen Rezession nicht so sehr wie jüngere Semester. Wir sind bereits 50 Jahre hier und haben schon einige angekündigte Krisen nicht erlebt. Das Leben geht immer weiter, und wir genießen es, egal wie schlecht die Zeiten scheinen. Und wir leben in einem der reichsten Länder der Welt. Wenn wir nicht relaxed sein können – wer bitte dann?

Da wir *50plusler* immer mehr werden, stehen die Chancen gut, dass diese Welt gelassener wird. Denn wir sind fast alle in Behandlung. Noch nie hat man so offen über seine Macken gesprochen wie in unserer Generation. Ich kenne mittlerweile fast keinen über 50, der noch nie in irgendeiner Psychotherapie war. Außer mir. Ich plane deswegen nun demnächst die Gründung des Vereins der anonymen Untherapierten. Aber ich befürchte, es wird schwer, dafür Mitglieder zu finden. Obwohl es eine entsprechende Klientel geben muss. Hatte doch Nachmittagstalkerin Barbara Karlich (ORF) sogar eine Sendung zum Thema „Du kannst deine Paartherapie allein machen!" Aber es ist gut, dass all dies öffentlich wird. Denn so ist unsere Generation auch gelassener gegenüber Menschen mit Ticks und Phobien – also allen gegenüber – geworden.

Meine Bekannte Claudia kann sich auf keinen Sessel setzen, ohne vorher ein sauberes Tuch auf die Sitzfläche zu legen. Das ist anfangs zwar etwas peinlich, aber sie erklärt dann jedem ihre Virenphobie – auch dem, der es gar nicht wissen will –, und damit geht die Sache in Ordnung. Claudia ist unterhaltsam, sympathisch und mitfühlend. Das bin ich auch, wenn ich nur daran denke, welche Prozedur ein Toilettenbesuch in einem Lokal für sie ist. Ich erspare uns allen die Details, die ich selbstverständlich nur aus ihren Erzählungen kenne. Seitdem ich nebenbei erwähnt habe, dass Millionen von Bakterien durch die Schweißausdünstungen der Gäste in den Matratzen der Hotelzimmer lauern, fährt Claudia nicht mehr auf Urlaub. Meine Schocktherapie war also wirkungslos. Das ist eben auch ein Nebeneffekt in unserer Generation. Wir sind alle kleine Psychologen geworden. Besonders wenn man im Freudschen Wien lebt.

Früher hätte Claudia das Stigma einer Wahnsinnigen gehabt. Heute sind wir gelassener. „Das ist Gustav. Kleptomane! Also lass deine Geldbörse nicht offen liegen.“ Oder Georg hält es nicht aus, wenn ihm Menschen im Gespräch zu nahe kommen – und damit meine ich nur den körperlichen Abstand. Dabei ist er nicht einmal Amerikaner, denn die fühlen sich von so gut wie jedem Europäer durch die für uns normale Distanz beim Plaudern in der Intimsphäre verletzt. Also nehme ich einfach darauf Rücksicht. Da ich leider nicht mehr so gut höre wie früher, muss ich Georg nun manchmal aus der Ferne anschreien. Obwohl Schreien theoretisch nichts mit dem Hören zu tun hat. Und dennoch brüllt faktisch jeder ins Handy, wenn die Verbindung schlecht ist. Im Idealfall aber werden wir ab 50 immer seltener laut vor lauter Aufregung. Wir wissen, dass das meiste den Ärger nicht wert ist.

Outing Nummer 3. Und damit lassen wir es gut sein. Mein Credo: „Gott, gib mir bitte sofort Geduld!“ Ich bin nämlich immer noch aufbrausend, ungeduldig und zeitweise intolerant. Dabei lerne ich täglich, dass „Love it, change it or leave it“ die Devise sein sollte. Change kommt auch durch Gelassenheit. Yes, we can.

Bei meiner Quotenanalyse unseres jungen Senders sehe ich täglich die beinharte Ungeduld der jungen Zuseher. Eine zu lange Moderation oder ein Studiogast, der 30 Sekunden nur leere Luft produziert – schon zuckt der Finger auf der Fernbedienung und zappt einige Kanäle weiter. Die Zuseher über 50 sind

da stabiler und haben die längste *Verweildauer* (so nennt man in der Fachsprache die durchschnittliche Zeit, die ein Zuseher in einer Fernsehsendung verbringt). Aber wenn sich ein Zuseher über 50 dann entscheidet, das Programm zu wechseln, geht er für lange. Ist aber fast egal, denn wir erinnern uns: Für die Werbewirtschaft zählen nur Zuseher bis 49.
Die jungen Zapper kehren viel schneller wieder zurück. Was sagt uns das? Wer über 50 ist, trifft klare Entscheidungen und hat eine höhere Toleranzschwelle. Er gibt dem langweiligen Studiogast noch einige Minuten die Chance, in Fahrt zu kommen, hofft, dass der Film noch spannender oder informativer wird, und manchmal wird er dafür belohnt. Manchmal aber auch nicht.
Aber wir wollen nicht so gelassen werden, dass wir regelmäßig vor dem Fernseher einschlafen. Unsere Generation muss den Rest der Bevölkerung aufwecken und dafür sorgen, dass Älterwerden ab sofort neu definiert wird. Dazu müssen wir genau dort präsent sein, wo wir nicht mehr gewünscht werden. Bei der Zielgruppe, von der wir ausgeschlossen werden sollen, den Veranstaltungen, zu denen wir nicht mehr eingeladen werden, und in den Lokalen, wo man uns nicht mehr erwartet.
Spätestens da wird unsere Gelassenheit auf eine harte Probe gestellt. Als ich die tätowierten und gepiercten Punkfreunde meiner Tochter sah (in diesem Fall war es die Billigvariante mit mehreren Sicherheitsnadeln durch Lippe, Augenbrauen und Ohren gestochen) – ich war rein zufällig im selben Lokal –, musste ich schon kräftig schlucken. Genauer gesagt so kräftig, dass mein frisch eingeschenktes Glas danach leer war. Aber ich habe nichts gesagt. Wenn keiner nach deiner Meinung fragt, wirkt man äußerlich gleich viel gelassener. Ich hätte nur kurz beinahe die Fassung verloren, als mein Kind von einem grünhaarigen Typen umarmt und mit Küsschen freudig begrüßt

wurde. Kam dann aber noch rechtzeitig drauf, dass es nur ihre nette Schulfreundin mit neuer Frisur war. Mein kurzer Verlust der Selbstkontrolle hatte aber sein Gutes, denn da ich jetzt schon einmal zwischen den beiden stand, konnte ich mich von der Runde gleich verabschieden. Man muss eben immer locker bleiben. Dann komme ich mir manchmal zwar vor wie im falschen Film. Ich werde dann das seltsame Gefühl nicht los, dass ich meine Rolle noch nicht ganz verstanden habe. Daher ist es besser gleich Regisseur zu werden – und damit sind wir schon in der nächsten Szene, äh, Kapitel.

Regieführen im Leben

Kein Regisseur gleicht dem anderen. Einer schreit, wenn er unter Stress ist, und der andere wird immer ruhiger. Manche agieren am Set wie Diktatoren und andere sind Teamplayer. Aber weder Schauspieler, Kameramann, Drehbuchautor oder Locationscout sind am Ende schuld, wenn der Film nicht gelingt. Die letzte Verantwortung liegt immer beim Regisseur. Und so ist das auch im Leben. Man kann immer andere finden, die irgendwann irgendwo versagt haben. Aber weder Partner, Chefs, Kinder noch falsche Freunde sind die Regisseure unseres Lebens. Das sind ganz allein wir. Und wenn wir mit 50 noch nicht die Regie übernommen haben, wird es höchste Zeit. Sonst sind wir mit Sicherheit im falschen Film.

Ich führe trotz entsprechender Ausbildung nur gelegentlich Regie. Und dabei habe ich gleich bei einem meiner ersten Filmchen etwas fürs Leben gelernt. Bei einem Werbefilm für die österreichische Wirtschaftskammer drehten wir unter extremem Zeitdruck. Hürdenläufer in einem Stadion, Bootsrennen auf einem Fluss und dann den Absturz eines Bergsteigers, der noch am Seil gesichert ist. Der letzte Dreh fand auf einem Fußballfeld statt. Der Präsident sollte mit einigen prägnanten Aussagen die bereits gedrehten Szenen inhaltlich kommentieren. Kurz gesagt: ohne seine Wortspende war der Film wertlos.

Drei Stunden lang hatten wir an diesem herrlichen Sommertag das Set vorbereitet. Das Filmlicht war aufgebaut, die Spieler liefen als bewegter Hintergrund auf Position und knallten den Ball ins Tor. Präsidenten – egal welche – sind auch dann in Eile, wenn sie es gar nicht eilig haben, und so bekam ich nur eine Stunde Drehzeit. Als er – natürlich mit akademischer Verspätung – herbeichauffiert wurde, wichen drei geschäftige Mitarbeiter der Werbeagentur nicht mehr von seiner Seite. Bis jetzt hatten sie entspannt in der Sonne ihren Caffè Latte geschlürft. Mr. President wurde von ihnen dann wie ein Filmstar aufs Fußballfeld geführt. Nur der rote Teppich und Fotografen fehlten noch für den Auftritt. Dann konnten wir endlich loslegen. Dachte ich zumindest. „Achtung, bitte Ruhe! Wir drehen!", rief ich. „Die Sonne blendet mich", sagte der Präsident plötzlich, „ich drehe mich lieber seitwärts". „Sorry," sagte ich, „aber das funktioniert so nicht. Sie haben dann tiefe Schatten unter den Augen". Die emsigen Werber widersprachen energisch. „Der Präsident will das so, und dann wird es auch genauso gemacht!" Man muss verstehen, dass bei solchen Imagefilmen fast immer die Werbeagentur der Auftraggeber ist. Widerstrebend gab ich nach. Die Sonne änderte ihre Meinung nicht und strahlte stur weiter. Hollywood hätte den Fußballplatz einfach mit riesigen Scheinwerfern in künstliches Tageslicht getaucht. Aber ich hatte weder Hollywoodbudget noch zusätzliche LKW mit Lichtequipment und Beleuchter vor dem Stadion geparkt. Zähneknirschend drehte ich gegen besseres Wissen.

Schon drei Tage später war wie geplant die Abnahme des Films. Der Chef der Werbeagentur rief am Schnittplatz entsetzt: „Der Präsident hat ja durch den Schatten richtige Schlitzaugen. Er sieht aus wie ein Chinese!" Ich nickte bedauernd und fühlte mich auf sicherem Boden: „Ich habe ihre Leute vorher gewarnt. Aber sie haben darauf bestanden, dass …" Der Werbeboss fiel mir ins Wort: „Es ist doch völlig egal, was andere sagen. Sie sind der Regisseur und das war ihre Verantwortung!"

Ich bekam nie mehr einen Auftrag von dieser Agentur. Und beschloss, ab sofort meinen Arbeitsstil drastisch zu ändern.
Einige Wochen später gab es schon die erste ähnliche Situation. Für einen Imagefilm über ein neues Autobahnprojekt – was tut man als junger Regisseur nicht alles für Geld! – war ein Interview im Büro des Verkehrsministers geplant. Als ich ankam, hatte die quirlige Pressesprecherin schon alles vorbereitet: „Der Minister kommt gleich und hat nur eine Viertelstunde Zeit!" Als er Platz nahm, schmeichelten ihm alle Mitarbeiter unisono: „Sieht sehr gut aus, wirklich toll!" Der Minister nickte zufrieden. Tatsächlich sah es aber bei dieser Bildeinstellung aus, als ob ein riesiger Kaktus aus seinem Kopf wachsen würde und eine Zimmerpflanze schlängelte sich aus seinem linken Ohr. Wie eine Nahaufnahme im Dschungelcamp. Der Hintergrund selbst vermittelte den Eindruck vom Backoffice einer abgewirtschafteten Spedition in einem Balkanland. Es war Zeit für mich, der Regisseur zu sein. „Das sieht grauenhaft aus", widersprach ich energisch, „ich weigere mich, das so zu drehen. Ich brauche eine Stunde Zeit, um hier alles umzustellen!" Eisiges Schweigen. Dann brach der Minister die Stille und sagte zu seiner Pressechefin: „Der Mann weiß, was er will. Stellen Sie meine Termine um. Ich komme in einer Stunde wieder." Klar, das Resultat passte dann, und Folgeaufträge waren die Belohnung.
Die Regie im Leben zu übernehmen heißt, man muss sagen, was man will, und dementsprechend handeln. Das wird damit belohnt, dass man die Resultate bekommt, die man will.
Betrachten wir unser Leben heute einmal wie einen Film. Zuerst einmal müssen wir uns für das Genre entscheiden. Nicht jeder mag einen Hollywood-Blockbuster. Vielleicht sind Sie eher der Typ für eine seichte Soap. Warum nicht. Das ist voll okay, wenn es Ihnen Spaß macht. Hauptsache, Sie spielen mit

Sicherheit die Hauptrolle! Normalerweise gibt es am Anfang eines guten Films die Exposition, in der man die wichtigsten handelnden Personen einführt. Im Leben ist das die Kindheit mit den Menschen, die uns in dieser Zeit prägen. Aber sie entscheiden nicht endgültig über unsere Zukunft. Wir wollen auf jeden Fall ein Happy End. Und sind nicht dazu verurteilt, ihre Fehler zu wiederholen. Wir tun es zwar meistens, aber das war dennoch letztendlich unsere Entscheidung – egal was unser überbezahlter Therapeut dazu sagt. Meine Tochter behauptet auch, sie sei durch ihren autoritären Vater schwer traumatisiert, und wird vermutlich einmal eine überstrenge Mutter werden. Nur weil ich ihr bei Wintereinbruch verboten habe, weiterhin mit dem coolen hochhackigen Herbstmodell – ich wage nicht einmal, es einen Schuh zu nennen – durch den Schnee zum Schulbus zu stapfen. Ich glaube übrigens, dass sie in ihrem Leben sicherlich Regie führen wird. Sie sagt schon jetzt pausenlos, was sie will.

Im Film verändern sich die handelnden Personen bis zum Ende immer und fortwährend. Das muss so sein. Und je überraschender die Wendungen – die Plots – sind, umso besser ist es für eine spannende Dramaturgie. Wer will schon einen langweiligen Film sehen? Und wer will ein langweiliges Leben?

Mit 50 stehen wir am Beginn des zweiten Akts. Dort ist im Film die Konfrontation der Hauptfigur (des Protagonisten) – die ein Ziel erreichen will – mit der gegnerischen Kraft (dem Antagonisten). Auch in unserem Leben gibt es extremen Widerstand gegen unser Aufbäumen, damit wir den Lebenstraum verwirklichen können – vor allem ab 50. Und der Feind schläft manchmal mit uns im gleichen Bett. Doch jetzt ist es höchste Zeit, unsere Pläne zu verwirklichen.

So wie in jedem Film gibt es auch im echten Leben eine Variation von unterschiedlichen Widerständen. Sie erscheinen uns immer – zumeist mit Recht – einmalig und – immer zu Unrecht – daher oft unüberwindbar. Denn wir sind freie Menschen in einem freien Land. Wenn uns die Angst vor dem neuen Unbekannten lähmt, ist das zwar verständlich, aber man muss schließlich nicht gleich vom Zehnmeterturm köpfeln. Eine Arschbombe vom Beckenrand ist auch schon ein Beginn. Der Mut für größere Dinge wächst, wenn wir uns zuerst einmal an die kleineren wagen.

Vielleicht ist es nicht so günstig, nach 20 Jahren Ehe dem Partner beim Frühstück mitzuteilen, dass man den Urlaub am Meer heuer einmal ohne ihn verbringen möchte. Es gibt gute Scheidungsanwälte, die damit auf seelische Grausamkeit plädieren. Aber man könnte mit einem Wochenende starten – nur mit der Freundin oder dem Freund (gleichgeschlechtlich, versteht sich). Viele Leser können über so einen banalen Vorschlag nur schmunzeln. Sie machen schon Salto vom Dreimeterbrett, und ein Weekend ohne Partner ist für sie nur die Arschbombe der Schulkinder. Aber wenn jemand Jahrzehnte als Nichtschwimmer gelebt hat, dann hat er für eine Arschbombe bereits tosenden Applaus verdient!

Selbstbestimmtes Leben ab 50 bedeutet auch, im Job nicht mehr allen Ärger runterzuschlucken. Das ist nämlich erwiesenermaßen schlecht für die Gesundheit. Doch bleibt die Möglichkeit, dem Vorgesetzten einmal klar zu sagen, was man denkt. Höflich, aber bestimmt und ohne Untergriffe. Bei einer Fernsehaufzeichnung habe ich mich einmal ziemlich über meinen Chef geärgert. Er provozierte mich so lang, bis es zum Eklat kam und er verbal ziemlich unfair – charmant ausgedrückt – wurde. Ich verlangte auf der Stelle eine Entschuldigung. Er drehte sich um und ging. Da ich meinen Vertrag noch nicht unterschrieben hatte, ging ich durch die entgegengesetzte Tür – und kehrte nicht zurück. Die auflagenstärksten Zeitungen des Landes berichteten über diesen Streit und ich bekam viel Beifall von meinen Kollegen und einige Wochen später einen besseren – und auch besser bezahlten – Job. Und es dauerte nur ein Jahr, bis ich von meinem Ex-Chef wieder ein Angebot zur Rückkehr hatte. Bis heute bin ich froh, dass es mir wichtiger war, am nächsten Morgen noch in den Spiegel sehen zu können, als mich aus Angst um meinen Arbeitsplatz demütigen zu lassen.

Niemand hat ein Recht, über uns zu bestimmen, wenn wir es nicht zulassen. „Müssen tu ich gar nix!", pflegte mich ein Freund mit nervender Regelmäßigkeit zu unterbrechen, wenn ich begann: „Du musst unbedingt einmal …" Er hatte Recht. Wenn meine Mutter von ihrem schwierigen Erstgeborenen in seiner Pubertät überstrapaziert wurde, stöhnte sie manchmal genervt: „Mach doch, was du willst." Ein guter Rat. Spätestens mit 50 sollten den nun alle beherzigen.

Die letzten unsinnigen Befehle nahm ich in meiner Militärzeit ohne Widerspruch entgegen. Dann nur mehr von meinen beiden Ehefrauen – nacheinander, versteht sich. Wobei ich da nicht immer auf Anhieb gehorsam war und mir daher manchmal ziemlichen Ärger einhandelte. Momentan schafft mir nur mehr meine Teenagertochter etwas an. Sie tarnt es übrigens geschickt – aber dramatisch verstärkt – als harmlose Fragen, die fast alle in Euro beantwortet werden können. Als Regisseur kann ich bestätigen, dass sie eindeutig schauspielerisches Talent hat.

Wenn wir weise sind – und da sollte es mit 50 erste Ansätze geben – dann hören wir uns natürlich an, was andere zu sagen haben. Aber wirklich weise ist es, danach selbst zu entscheiden. Lassen wir uns von niemandem mehr in unseren Lebensfilm dreinreden. Auch nicht bei Maske und Kostüm. Also alles was *passende* Kleidung und *altersentsprechendes* Aussehen betrifft. Womit wir schon beim nächsten Thema wären.

Friseure und andere Feinde

Meine Teenager-Tochter geht nicht mehr mit mir zum *New Yorker*. Nur weil ich dort neben ihr fragte, ob sie Jeans haben, mit denen ich auch von hinten gut aussehe. Ich habe nicht einmal von einem „Knackarsch“ geredet. Die junge Verkäuferin starrte mich trotzdem an wie einen Perversen. Sie entschied sich dann doch dafür, dass sie es mit einem harmlosen Irren zu tun hat, und deutete vage in Richtung Männerabteilung.
Als ich dann eine ziemlich enge *Levis* probierte und mich verkehrt vor dem Spiegel im Geschäft hin und her drehte, verschwand die Verkäuferin plötzlich unter dem Ladentisch. Meine Tochter behauptete später, sie hätte einen Lachanfall bekommen. Ich bin aber ziemlich sicher, dass sie nur ihre Schuhbänder fester gebunden hat. Obwohl mir das – unter uns gesagt – bei High-Heels etwas ungewöhnlich vorkommt. Jeans habe ich übrigens dann doch keine gekauft. Obwohl sie ziemlich lässig ausgesehen hat an mir, und mit einem breiten Gürtel hätte auch niemand bemerkt, dass ich die oberen beiden Hosenknöpfe offen lassen muss. Aber meine Tochter war plötzlich nirgends mehr zu sehen. Ich fand sie auf dem Parkplatz beim Auto wartend – ihr Alter war ihr offenbar zu peinlich. Im Teenageralter sind die Kids eben extrem schwierig.
Ich plane, einigen Modehäusern einen neuen Slogan anzubieten. Sie wollen offensichtlich, dass sich über 50-Jährige so anziehen, wie es sich für alte Leute gehört. Die Kleidung muss

klarmachen, dass man nicht mehr jung ist. Wie wäre es mit: *Kleider machen Alte!* Über 50 darf man offenbar nichts mehr anziehen, was sexy ist. Und, bitte, ja nicht zu bunt. Man könnte doch plötzlich dynamischer und jugendlicher wirken als man tatsächlich ist. Dann kriegt man auch viel schwerer einen Sitzplatz in der Straßenbahn und wird nicht so komisch angesehen, wenn man in einem Lokal auftaucht, wo hauptsächlich junge Leute verkehren.

Welches Drama ist aber erst – besonders für uns Männer – der Friseurbesuch. Wenn man(n) die 50 noch mit etwas Kopfbehaarung erreicht hat, wird der Besuch eines neuen Friseursalons zum wagemutigen Abenteuer. Am ehesten noch vergleichbar mit dem Auftrag von *Mission Impossible.* Nur so gut wie immer ohne Happy End. Aber wenigstens hat man danach die militärische Kurzhaarfrisur von Tom Cruise aus Folge 1. Grundsätzlich ist es dem Friseur scheinbar völlig egal, mit welchem Ex-Haarschnitt man seinen Salon betritt. Wer sich nicht energisch wehrt, bekommt kommentarlos die 08/15-Seniorenfrisur verpasst. Und alle anderen mit Kommentar. Der flehentliche Wunsch „bitte, nicht zu kurz schneiden" wird als verzweifelter Versuch gedeutet, die spärlicher gewordene Haarpracht mit Länge aufzumotzen. Ein kurzer mitleidiger Blick von oben herab auf das sitzende Opfer – und dann ist die Katastrophe fast nicht mehr zu verhindern.

Besonders die junge Haarschneiderzunft ist scheinbar davon überzeugt, dass so ein alter Knacker kein Recht mehr auf einen modernen und trendigen Schnitt hat. Sie geht davon aus, dass man mit *50plus* seine Haare aus dem gleichen Motiv schneiden lässt wie den Rasen – weil beides einfach zu lang ungehindert wucherte. Glücklich, wer den Friseur seines Vertrauens gefunden hat. Hätscheln Sie ihn, er ist Goldes wert! Oder zumindest ein ordentliches Trinkgeld.

Für extrem gefährlich halte ich hübsche junge Friseurinnen. Und zwar für alle Geschlechter. Denn die meisten sehen auch Frauen über 50 nur mehr als alte Schachteln. Wir versuchen am besten erst gar nicht, diesen Girls zu erklären, was wir wollen. Wir sagen ihnen lieber klar und deutlich, was wir nicht wollen. Sätze wie: „Ich will nachher nicht aussehen wie Ihre Großmutter", klingen zwar sehr emotionell, erzielen aber meistens solide Wirkung. Männliche Haarkünstler sind etwas weniger gefährlich und halten auch reifere Damen für durchaus Haircut-geeignet. Ist das der Grund, warum alle international erfolgreichen Friseure männlich – wenn auch nicht alle hetero – sind?
Ich schreibe diese Zeilen mit einer neuen Frisur. Stachelschweinähnlich – nur nicht mehr mit allen Stacheln. Unter Zeitdruck musste ich in München zwischen zwei Terminen einen Friseurladen aufsuchen, der auf den ersten Blick recht stylish wirkte. Das Wort *Haarekspress* über dem Eingang deutete ich als neues Modewort aus der Münchner Schickeria. Ich übersah, dass mein türkischer Coiffeur gleich zum Rasierapparat statt zur Schere griff. Das Desaster war nicht mehr zu verhindern. Freundlich aber bestimmt rasierte er mir später sogar ungefragt die Augenbrauen, als ich resignierend kurz die Augen schloss. Als Krönung schmierte er mir fettige Pomade ins verbliebene Haar. Ich hatte meinen Widerstand bereits aufgegeben, denn der Schaden war irreparabel. Ein fremder – und ziemlich alter – Mann mit wenigen fetten Haaren starrte mich nach einer halben Stunde verzweifelt aus dem Spiegel an. Der Figaro aus Istanbul war so glücklich wie ich unglücklich. Denn ein etwas verwilderter älterer Kerl hatte seinen Salon betreten und würde ihn nun dank seiner Kunst als gepflegter seriöser Herr verlassen. Aus rechtlichen Gründen darf ich nicht mitteilen, wo der Haarraub stattfand, aber ich warne vor Friseurläden in Hauptbahnhofnähe.

Doch selbst dieses – besonders für die Kopfhaut – erhellende Erlebnis hilft mir in der Lebensplanung weiter. Nun weiß ich dank kräftigem Radikalschnitt, dass ich eher der Stirnglatzentyp bin, und kann mich seelisch darauf gut vorbereiten. Momentan spare ich viel Geld, weil ich nicht mehr so viel unter Menschen bin wie früher.
Meine Tochter nervt es allerdings, dass ich in letzter Zeit so oft zu Hause bin. Sie meint auch, ich sollte endlich kapieren, dass meine langhaarige Hippiezeit schon lang vorbei ist. Andere würden in meinem Alter schon Opa sein. Das fand ich eine besonders beunruhigende und unnötige Bemerkung einer 14-Jährigen! Im nächsten Kapitel erfahren Sie daher auch, was es für unseren Alterungsprozess bedeutet, wenn wir Großeltern werden.

Wer hat da gerade Opa zu mir gesagt?

Wenn ich schon einmal ausnahmsweise in einer Straßenbahn unterwegs bin, dann ist sie hoffnungslos überfüllt. Dicht gedrängt an wildfremde Körper beäugte ich kürzlich die Menschen, die den knappen Sauerstoff mit mir teilten. Eine Frau hustete unaufhörlich, und ich versuchte, ab sofort nur mehr durch die Nase einzuatmen. Wie unvernünftig, Geld fürs Taxi zu sparen und sich dafür der Gefahr einer Ansteckung mit offener Tuberkulose auszusetzen! Oder zumindest einer echten Grippe. Ich spürte bereits ein leichtes Kratzen im Hals.

Eine knapp zwanzigjährige – sehr gesund wirkende – dunkelhaarige Schönheit lenkte mich von meinen düsteren Gedanken ab. Verstohlen beobachtete ich sie. Plötzlich schien es, als ob auch sie heimlich zu mir hersehen würde. Fast automatisch zog ich den – selbstverständlich minimalen – Bauchansatz etwas ein und versuchte, betont locker zu wirken. Das machte es allerdings etwas schwierig, weiterhin durch die Nase zu atmen. Ich gab vor, gelangweilt beim Fenster hinauszusehen, beobachtete die Schönheit aber in der Spiegelung der Scheibe. Als sie mich wieder von oben bis unten musterte, drehte ich mich um, und unsere Blicke trafen sich. Sekundenlang. Dann bot sie mir ihren Sitzplatz an. Ich war derartig geschockt, dass mir als einzige Reaktion einfiel, einfach bei der nächsten Station auszusteigen.

Während ich auf die nächste Straßenbahn wartete, fiel mir eine

nette Geste einer jungen Praktikantin ein, der ich beim Gestalten eines Fernsehbeitrages half. Sie war relativ untalentiert, und ich musste ihr einige einfache Regeln mehrmals erklären. Dafür bedankte sie sich nachher mit: „Sie sind so geduldig mit mir. Sie erinnern mich sehr an meinen verstorbenen Großvater!“ Ich murmelte, dass mir das extrem leid tue. Wobei ich das völlig unpassende Kompliment an mich meinte. Und sie mich seitdem auch für besonders sensibel hält.
Zu Hause versuchte ich, den schweren Schlag zu verdauen. Nach dem dritten Glas Rotwein – gereifter Charakter aus gutem Jahrgang – hatte ich den Lichtblick. Das ist okay. Du kannst theoretisch – also rein biologisch – ohne weiteres schon mit 30 Opa sein, man denke nur an das grassierende Problem der Teenie-Schwangerschaften in Großbritannien.
Betrachten wir alles einmal ziemlich objektiv. Wenn du keine Kinder hast, bist du auch mit 105 noch nicht Oma oder Opa. Das macht dich aber um keinen Deut jünger. In diesem Alter tritt übrigens Schauspieler und Sänger Johannes Heesters (okay, er ist bereits dreifacher Großvater und vierfacher Urgroßvater) noch immer auf der Bühne auf. Als ich ihn als Gast bei einer unserer Shows backstage kennen lernen durfte, war aber nur seine um 47 Jahre jüngere Ehefrau Simone emsig um ihn besorgt. Von eilfertigen Enkerln keine Spur!
Enkelkinder machen dich also weder älter noch jünger. Grundsätzlich. Tatsächlich beginnt das kleine Geschöpf systematisch dein Herz zu erobern. Dein eigenes Kind nützt es schamlos aus und über Nacht hast du einen unbezahlten Job als Babysitter. Über Nacht ist hier wörtlich gemeint.
Du liest Kinderbücher vor und fühlst dich in dieser Rolle etwas komisch. Noch seltsamer wäre es natürlich, wenn du dir nicht komisch vorkommen müsstest. Alte Spielfilme kommen dir in Erinnerung, wo eine etwas verrückte Großmutter – die

sich gerne jugendlich kleidet – der Running Gag ist. Du siehst nervös in den großen Vorzimmerspiegel.
Arbeitskollegen gratulieren mit einem gewissen Grinsen im faltenlosen Gesicht zum ersten Enkelkind. Deine Eltern – nunmehr Urgroßeltern – können sich schon leichter mit dem Gedanken anfreunden, dass ihre eigenen Kinder nun Großeltern sind. Spätestens jetzt machen sie ihr Testament. Zugunsten der Urenkel.
Du überlegst kurz, was geschehen würde, wenn du nun mit 50 noch einmal Vater oder Mutter würdest. Du stellst dir dein Kind mit dem Enkelkind in der Sandkiste vor, und dein Blutdruck erhöht sich gefährlich.
Entwarnung! Ein Enkelkind macht uns nicht automatisch zu langweiligen Großeltern, die nun im Werkzeugschuppen kleine Schaukelpferde basteln oder vor dem Kachelofen fleißig Strampelhosen stricken. Ist übrigens okay. Aber deswegen sind wir keine alten Knacker, deren einziger Lebenszweck nur mehr die Enkelkinder sind.
Mick Jagger war gerade 50, als ein Spaßvogel seine Band von *Rolling Stones* auf *Strolling Bones* (klappernde Gebeine) umtaufte. Heute ist Jagger 65 und seine Rockgymnastik auf der Bühne lässt seine Nachahmer nach wie vor alt aussehen. Er ist dreifacher Großvater. Da er sieben Kinder mit vier Frauen hat, werden ihn bald noch mehr Enkelkinder Opa Mick nennen. Deswegen wird er doch nicht aufhören, Konzerte zu geben und die Stadien zu füllen.
Es gibt also auch nichts, was wir beenden müssten, weil wir jetzt Großeltern sind. Im Gegenteil. Ein Enkelkind kann uns so richtig in Fahrt bringen. Wenn es älter wird, können wir gemeinsam mit ihm Snowboarden, Segeln, Kitesurfen oder Paragleiten lernen. Vielleicht will es aber lieber Fallschirmspringen, wenn es nicht unsere ängstlichen Gene geerbt hat.

Auf jeden Fall können wir jetzt wieder offiziell mit 50 ziemlich kindisch sein. Gruseln in der Geisterbahn, Achterbahn und Autodrom fahren, im Park um die Wette laufen, rote Rosen an der Schießbude ballern (in diesem Fall nun eher Teddybären), verrückte neue Attraktionen im Vergnügungspark testen und sich gegenseitig mit Wasser voll spritzen. Fast alles, was beiden Spaß macht, ist erlaubt. (Der Satz würde übrigens auch in Kapitel 6 passen.)
Und wir brauchen auch nie mehr streng sein. Probleme mit Schulnoten? Das ist zum Glück nicht mehr unsere Partie. Wir sind verständnisvoll, tolerant und großzügig. Verstehen alles. Gelegentlich erwähnen, dass auch Mama oder Papa nicht besonders fleißig lernten. (Hehe, späte Rache!) Und geben die Enkelkids lächelnd wieder bei den Eltern ab. Diese Probleme haben wir schon lange endgültig hinter uns. Aber vor allem haben wir noch einiges vor uns. Ein Enkel ist wunderbar, aber es ändert absolut nichts daran, dass wir unser Leben jeden Tag genießen können.
Sie haben (noch) keine Enkelkinder? Du liebe Zeit – warum haben Sie dieses Kapitel überhaupt gelesen? Sie wollen zuerst einmal eigene Kinder, obwohl Sie schon 50 sind? Nun ja. Es gibt genug Beispiele, wozu Männer mit 80 noch fähig sind. Von der Natur her sogar fast unbegrenzt. Das könnte uns in die neue Situation bringen, für den netten Opa gehalten zu werden, wenn wir mit unserem Nachwuchs unterwegs sind. Obwohl wir die Väter sind. Auch kein schöner Gedanke.
Trotz aller Jugendlichkeit in unserem Denken ab 50: Wir sind eindeutig erwachsen geworden. Wir merken es daran, dass wir unseren Freunden und Bekannten gratulieren, wenn sich Nachwuchs ankündigt. (Vorausgesetzt, wir haben hundertprozentig selbst damit nichts zu tun.) Und wir stammeln nicht mehr: „So ein Mist! Wie konnte denn das passieren?“

Und da gibt es noch andere Zeichen für Reife. Wir hören unsere Lieblingsnummern jetzt immer öfter auch im Kaufhausaufzug, haben eindeutig mehr Essen als Alkohol im Kühlschrank, und keine unserer Zimmerpflanzen kann man rauchen. Wir haben auch keinen Schimmer, wann McDonalds am Samstag auf- oder zusperrt. Das ändert sich allerdings rapide, sobald unsere Enkelkinder darauf heiß sind.
Meine Teenagertochter ist indessen momentan in dem Alter, in dem sie McDonalds mit mir höchstens durch den *Drive-in* – am besten ohne anzuhalten – frequentiert. Freundinnen könnten sich gerade drinnen einen BigMac kaufen und sie mit mir sehen. In vielen, vielen Jahren wird sie mir vielleicht einmal Enkelkinder schenken. Aber ich borge sie mir auf jeden Fall immer nur aus. Stundenweise. Tageweise. Im Urlaub muss sie dann selbst mitkommen. Ohne Partner, sonst sitze ich nachts als Babysitter im Hotelzimmer. Und ein großer Teil meines Urlaubsvergnügens wird sein zu beobachten, wie sie sich dann selbst mit den kleinen Kopien ihrer rebellischen Gene herumschlagen wird.

Wenn niemand älter ist

Ich wollte schon immer eine Kampfsportart lernen und mit Jiu-Jitsu beginnen. Ich musste aber einen anderen Kursus aus der Liste meines nächstgelegenen Fitnesszentrums wählen, da der Anfängerkurs für diese Kampfsportart nur für 6- bis 12-Jährige angeboten wurde. Und es ist relativ unfair, wenn man als 50-Jähriger kleine Kinder verprügelt. Umgekehrt wäre es natürlich noch viel schlimmer. So aber konnte ich mein Jahresabo kurz vor Ablauf wenigstens nutzen. Die Stunde entpuppte sich als schweißtreibende Variante einer Aerobicübung zu fetziger Musik mit einer Vorturnerin. Die Damen waren ziemlich locker. Ich rede von ihren Gelenken. Ich deutete die meisten Verrenkungen lieber nur kurz an. Es wäre viel zu peinlich gewesen, wenn das einzige männliche Wesen im Raum kollabiert wäre. Besonders da ich gleichzeitig wieder einmal der Älteste war. Es wird uns nicht so leicht gemacht, mit 50 etwas völlig Neues zu lernen. Zumindest muss man sich damit abfinden, dass man so gut wie immer der Methusalem ist, wenn man Neuland betritt – was aber unser gutes Recht ist. Vorsicht, wenn Sie sich ab 50 plötzlich in einem Ghetto befinden! Wenn wir in unserer Freizeit fast nur mehr von Menschen unseres Alters umgeben sind, dann sind wir in der falschen Veranstaltung. Schnell raus. Mir fiel es das erste Mal in einem Kabarett auf, wo außer meiner Begleitung niemand jünger aussah als ich. Nicht einmal der Typ, der in der Pause die Türen öffnete. Und auf den Sesseln lag eine Werbung für eine Bingoveranstaltung und Seniorenturnen. Aus Rache lachte ich lauthals an den falschen Stellen. Meine Begleitung fühlte sich offenbar dort auch nicht wohl und verschwand in der Pause spurlos.

Es sollte alles umgekehrt sein. Wenn wir wirklich *fresch* sind, so erkennen wir das daran, dass immer öfters an Orten und in Situationen alle deutlich jünger sind als wir. Um sich daran zu gewöhnen, sollten wir am Samstag in einer Discothek auftauchen. Aber man darf nie zu früh da sein. Als ich kurz nach 22 Uhr hinkam, dachte der nervöse Barkeeper im leeren Lokal sofort, ich sei von der Steuerfahndung. Die Kids kommen heute erst um Mitternacht. Vorglühen lautet die Devise. Sie wissen nicht was das ist? Höchste Zeit, dass Sie wieder einmal unter junge Menschen kommen. Sonst hat sich nicht viel verändert. Gebalze, Gekichere, Abshaken, viel Alkohol und dröhnende Musik. Neu ist für unsere Generation nur der Sound. DJs, die beim Auflegen die Nummern verstümmeln, und manchmal einige halbnackte Mädchen, die in einer Art Käfig über dem Publikum vortanzen. Nicht ganz so verrenkt wie in meinem Zumba-Kurs im Fitnesszentrum. Dafür deutlich hübscher. Nein, ich habe da nichts verwechselt. Ich spreche von einer ganz normalen Samstagnacht in einer Discothek.

Gehen Sie aber auf keinen Fall in die Stammdisco Ihrer Teenager-Kinder! Meine Tochter hat meinen Spontanbesuch völlig falsch aufgefasst und mich später als *Kontrollfreak* beschimpft. Vor Ort hat sie sowieso kein Wort mit mir geredet, und zu Hause schwieg sie noch eine ganze Woche. Danach hat sie mir angedroht, als *Emo* bei meinem Chef in der Firma aufzutauchen. Sie wissen nicht, was das ist? Habe ich schon erwähnt, dass Sie wieder dringend unter junge Menschen kommen müssen? Muss doch nicht gleich eine Disco sein. Ein Abend mit Lärmbeschallung, die man noch nicht kennt

(Techno ist übrigens schon wieder fast out), ein ultramodernes Theaterstück (passen Sie auf, dass Sie nicht versehentlich in der Pause gehen), ein Kabarett mit Nachwuchstalenten (lachen Sie erst, wenn auch alle anderen lachen), ein Pokerabend in einem Insider-Lokal (falls dort Schusswaffen getragen werden, sollten Sie weitersuchen und das Weite suchen), ein verrückter Rekordversuch (besser zuerst als Zuseher) – es gibt viele Möglichkeiten.
Wie verhält sich nun ein gereifter 50er bei einem Event, wo er zuerst einmal angestarrt wird wie ein Dreiradfahrer, der sich auf die Autobahn verirrt hat? Cool. Auf keinen Fall anbiedernd oder betont jugendlich. Wenn jetzt wider Erwarten auf Anhieb mit jüngeren Menschen ein Kontakt zustande kommen sollte, dürfen wir auf keinen Fall den Gleichaltrigen mimen. Falls man – ebenfalls wider Erwarten – jemanden in seinem Alter entdeckt, dürfen wir nicht den Fehler machen, mit ihm Kontakt aufzunehmen. Auch er will vorrangig junge Menschen kennen lernen. Wir ruinieren seinen Abend und unseren gleich mit.
Vielleicht werden wir an diesem Abend zum ersten Mal mit Altersrassismus konfrontiert, und man lässt uns spüren, dass wir nicht willkommen sind. Oder sagt es uns gleich brutal ins Gesicht. Damit müssen wir rechnen. Ich war als Jugendlicher nicht viel besser. Ich erinnere mich an meine Verachtung für einen uralten Typen (er war schon fast 50), der bei einem Rock'n'-Roll-Wettbewerb in *meiner* Discothek teilnahm. Allerdings als Solotänzer. Er bezahlte die Teilnahmegebühr, machte vier Minuten den tanzenden Kasperl und soff sich dann an der Bar an. Das hat ein *Frescher* aber wahrscheinlich eher nicht vor, und Rock'n'-Roll-Wettbewerbe gibt es dort, wo ein solcher hin sollte, auch schon lang nicht mehr. Obwohl Standardtänze wieder im Kommen sind. Wir wissen inzwi-

schen sehr gut, dass unsere Zeit gerade nachgeahmt wird. Aber das sind nur Kopien – wir haben das Original gelebt. Und die Originale leben auch noch! Als kleine Mutmache schweife ich kurz ab.

Ein junger NBC-Journalist war zuerst sprachlos, als er die 69-jährige Tina Turner in ihrer Zweistundenshow auf ihrer monatelangen Tournee sah. „Wenn 70 sein so aussieht, dann bin ich dabei!", war sein Resümee. Er war begeistert von ihrer Lebensfreude und der Intensität ihrer Hingabe in den Songs. Wenn sie bei *Proud Mary* mit vier Tänzerinnen – die ihre Enkel sein könnten – in einer Reihe abtanzt, wirkt sie nicht im geringsten peinlich. Ich bin da bei mir auf der bevölkerten Discotanzfläche schon unsicher. Ihren prügelnden Ehemann Ike hat Mrs. Turner schon vor über 30 Jahren verlassen. Hat ihr offensichtlich auch gut getan. Um diese Powerlady braucht man sich keine Sorgen zu machen. Genauso wenig wie um Julio Iglesias, der mit 63 mehr Groupies hat als sein 29-jähriger Sohn Enrique.

Und ich mache mir auch keine Sorgen um die *50plus*-Generation von heute. Egal ob man glücklich verheiratet (also zur Minderheit gehörend), geschieden (ab 50 in Mode wie nie zuvor), verwitwet oder einfach Single (noch oder wieder) ist. Falls Sie nun öfters allein fortgehen, werden Sie zwar vermutlich schon bemerkt haben, wie schwer es in unserem Alter ist, in Lokalen jüngere Menschen kennen zu lernen. Wenn wir ohne Partner unterwegs sind, wird man zuerst vermuten – nicht ganz zu Unrecht bei Männern –, dass wir auf Pirsch sind. Kontaktaufnahme mit den Jüngeren anderen Geschlechts wirkt bei einem Altersunterschied in erster Instanz fast immer als Anmache – egal ob männlich oder weiblich. Es ist also besser, beim eigenen Geschlecht zu bleiben. Das bringt Männern dann wiederum schnell den Ruf, auf junge Burschen zu stehen. Ich finde das starke Geschlecht – Sie wissen, wen ich meine, auch wenn die Bezeichnung nur selten zutrifft – hat es nicht einfach. Obwohl. Soviel besser geht es Frauen da auch nicht. Man(n) denkt dann, dass sie leichte Beute sind und als letzte Verzweiflungstat in eine Disco zum Aufriss eilen.

Ich war einmal – selbstverständlich streng beruflich für eine Reportage – in einem Singlehotel. Zwanzig Frauen kamen auf einen Mann. Nein, ich verrate nicht, wo es ist. Und es war traurig, dass da natürlich viele Damen in der Bar allein blieben. Sie wirkten um 21 Uhr unsicher, um 22 Uhr 30 tanzten sie miteinander und um Mitternacht waren die meisten trotz starken Alkoholkonsums frustriert. Wer bis 2 Uhr früh allein durchhielt, war verstört. Und jede Einzelne der Ladies war ein Unikat, das solch eine Demütigung nicht verdient hatte. Sie waren nur zur falschen Zeit am falschen Ort. Wobei ich natürlich nicht behaupte, dass ein Treffpunkt, wo nur junge Menschen sind, unbedingt immer besser ist. Aber es ist eine Möglichkeit und ein Anfang, neue und interessante Kontakte zu knüpfen. Was auch immer andere über uns denken und sagen: Die Spendierhosen anzuziehen ist grundfalsch. Wir brauchen uns keine Gesprächspartner zu erkaufen. Denn wir sind interessant und eine großartige Chance für unsere neuen jungen Bekannten, einen reifen Gesprächspartner zu haben, der einmal zur Abwechslung kein Elternteil ist, mit dem sie vielleicht schon jahrelang nichts Wesentliches mehr besprechen. Das ist eine Win-Win-Situation, denn ab 50 wird auch bei uns der Wunsch stärker, unser Wissen und unsere Erfahrung an Jüngere weiterzugeben. Wir sollten eher umgekehrt auf einen Drink eingeladen werden. Das gilt natürlich nur für Frauen. Männer bezahlen ihre Drinks immer selbst und auch den ihrer Begleitung. Sonst sind sie Weicheier ohne Benehmen. Und

es gibt noch einen Bonus bei *50plus*-Männern für Ladies. Keine doofen Anmachsprüche wie: „Ich habe meine Handynummer verloren, kannst du mir deine leihen?" Sie haben auch keine Feuerzeuge mit der Aufschrift: *Zu dir oder zu mir?* Unsere Generation hat mehr zu bieten.
Und Frauen sind dann eben keine Girlies mehr. Sie faszinieren damit, dass sie nicht mehr mädchenhaft, sondern fraulich sind. Vor allem aber punkten wir mit Lebenserfahrung. Die Jungen müssen erst alles ausprobieren. Sexuelle Freizügigkeit – wir haben es versucht. Zumindest einige. Und sind seriell monogam geworden. Zumindest einige. Drogen – für uns alles schon Schnee von gestern. Einige von uns haben es auch überlebt. Politische Meinung – wir waren diejenigen, die auf die Straße gingen. Und uns dann anpassten. Musik – die Jugend hört noch heute unsere Songs. Also wir können uns überall sicher fühlen, wo wir sind – wenn auch manchmal etwas fremd. Das ist das eigentliche Ziel dieser seltsamen Übung eines Discobesuches. Wir lernen, dass es mit 50 keine Plätze gibt, wo wir nicht mehr hingehen können. Sonst reduziert sich unser Bewegungsradius im Lauf der Zeit immer mehr, bis wir uns am Ende nur mehr in einem isolierten Kreis von Menschen bewegen, die alle mindestens schon in unserem Alter sind. Klar, nach zwei oder drei Discobesuchen haben wir meistens genug davon. Weil wir das alles kennen und schon vor Jahren hinter uns gelassen haben. Aber wir stellen fest, dass wir beim zweiten Besuch schon viel lockerer reingehen, und diese Lässigkeit uns immer sicherer macht. Das ist ein wichtiger Lernerfolg für *50plus.* Als Kompromissalternative oder sanften Einstieg könnte man auch zuerst einmal zu einem Ü30-Event gehen. Da muss man einen Ausweis vorzeigen, der nachweist, dass man über 30 ist, um überhaupt hinein zu dürfen. Den brauche zumindest ich dort aber nicht mehr. Gesichtskontrolle ge-

nügt völlig. Falten sind manchmal auch ein Vorteil. Dort stehen dann 53-Jährige wie *Mr. Hitparade* Udo Huber hinter den turntables. Auch wenn man keinen Schimmer hat, was turntables sind, kann man dort vorbeischauen. Aber man kann damit rechnen, dass es eine wilde Party wird – denn da trifft man Menschen, die bereits über ein wenig Lebenserfahrung verfügen.

Beim *normalen* Discobesuch muss uns klar sein, dass die Kids annehmen, dass wir völlig daneben sind. Wenn wir dann eine anbiedernde Frage stellen wie: „Sind ‚Limp Bizkit' und ‚Linkin Park' momentan die angesagtesten Punkbands?", werden wir wieherndes Gelächter ernten. Die sind nämlich Crossover. Sie haben keine Ahnung, was das jetzt schon wieder ist und die Bandnamen noch nie gehört? Wie gesagt – Sie sollten ihre Erkundigungsreise nicht mehr länger verschieben.

Wichtig ist, dass wir den Kids zumindest signalisieren, dass wir an ihrer Musik interessiert sind und dass wir schon einmal von Hip Hop und Rave gehört haben. Also am Mond leben und nicht vom Mars kommen. Damit haben wir schon einiges an Respekt gewonnen. Wir sind anders als ihr Bild, das sie von den Alten haben. Stolz wird man uns nunmehr über Musikrichtungen und Bands erzählen. Sicher viel mehr, als wir jemals wissen wollten.

Wenn wir diese Extremübung gemeistert haben, wird es uns in Zukunft auch nicht mehr erschüttern, wenn wir beim Après-Ski nicht mehr das jüngste Gipsbein schwingen oder wir als Einzige vom Kinobilleteur mit einer Minitaschenlampe bis zum Sitz begleitet werden. Wir stehen auch darüber, dass uns der Wirt den Seniorenteller empfiehlt und die nette Verkäuferin in der Bäckerei sagt: „Jetzt ist aber zuerst der ältere Herr dran" – und damit offensichtlich uns meint.

Etwas unangenehm ist es mir allerdings noch immer, wenn ich

mit sehr viel jüngeren Menschen essen gehe. Ich habe dann das kleine Problem, dass meine Arme zu kurz sind. Nur wenn ich die Speisekarte so weit von mir weg halte, dass sie mein Gegenüber bereits am Schoß hat, kann ich mehr als die fette Zeile „Hauptgerichte" lesen. Doch auch hier gibt es kleine Tricks. Ich kann den Service fragen, was der Küchenchef heute empfiehlt, und dann zuschlagen, wenn es halbwegs für mich passt. Allerdings ist die Empfehlung selten das Beste, sondern fast immer das teuerste Gericht. Eine zweite Möglichkeit wäre, die anderen zu fragen, was sie nehmen, und dann bei einem Gericht sagen: „Dafür habe ich mich auch entschieden!" Das stimmt dann auch – selbst wenn die Entscheidung gerade eine Sekunde alt ist. Es ist auf jeden Fall besser, als mit „Gute Idee, nehme ich auch!" unentschlossen zu wirken. Und es ist auch keine Option, die anderen zu bitten, mir die Speisekarte langsam und deutlich vorzulesen. Natürlich könnte ich einfach diese idiotische Lesebrille für einige Minuten aufsetzen, aber irgendwie ist das nicht sexy. Wenn ich das Restaurant im Vorfeld selbst aussuchen kann, nehme ich am liebsten eines mit Buffet. Da kann es mir dann zwar passieren, dass ich versehentlich die ungenießbare Garnierung auf den Teller lade, aber im Prinzip ist das Risiko einer Blamage weit geringer.

Es sollte uns aber niemals peinlich sein, etwas von Jüngeren zu lernen. Wir leben in einer spezialisierten Welt und jeder, der sich einige Jahre mit einem Fachgebiet beschäftigt hat, kann unser Lehrer werden. Freilich nur in seinem Fachbereich. Ich besuchte einige Wochen einen Abendkurs für ein spezielles Computerprogramm, in dem alle Teilnehmer um Jahrzehnte jünger waren. Aber da wir gemeinsam Neues lernten, gab es keine Barrieren und wir verstanden uns blendend.

In der letzten Woche musste jeder seine Arbeit auf Powerpoint präsentieren. Der Zufall wollte es, dass ausgerechnet bei mei-

nem Vortrag der Schulinspektor (auch in der Erwachsenenbildung gibt es so etwas) in die Klasse kam. Er war in meinem Alter und nahm an, dass ich der Lehrer bin, und freundlich deutete er mir weiterzumachen.
Der tatsächliche Lehrer saß als Zuhörer auf meinem Platz und war perplex. Ich wurde am Ende vom Inspektor vor allen gelobt: „Herr Kollege, das war wirklich schlüssig vorgetragen". Die anderen brachen in Lachen aus und unser junger Lehrer erklärte mit hochrotem Kopf die Situation. Auch dem Inspektor war die Verwechslung unangenehm. Für mich war es aber in keiner Hinsicht peinlich, denn der Gruppe war klar, das ich einer der Ihren war. Die falsche Wahrnehmung von außen war zwar verständlich. Aber wir waren bereits ein Stück weiter und hatten diese kleinkarierten Gedankenmuster hinter uns gelassen. Jeder kann von jedem lernen – Geschlecht und Alter spielen da keine Rolle. Wobei das Lernen in der zweiten Lebenshälfte vor allem ein Selbstzweck ist. Eine individuelle Horizonterweiterung für die eigenen Bedürfnisse. Egoistisch eben. Aber wie gesagt – unser gutes Recht.
Dennoch weigert sich meine Teenagertochter beharrlich, mir im Wohnzimmer einige Karategrundbegriffe beizubringen. Dabei finanziere ich seit Jahren ihre Kurse, Kimonos und Gürtel in wechselnden Farben. Sie sagte – ich glaube sogar einen leicht drohenden Unterton herausgehört zu haben –, dass sie das vor allem gelernt habe, um andere, die eben selbst keinerlei Kampfsporterfahrung haben, niederschlagen zu können. Und ich soll mich doch besser einfach nicht mehr in gefährliche Situationen begeben. Wie zum Beispiel damals in ihre Disco. Keine Ahnung, was sie mir damit sagen will. Dort waren nur nette junge Leute. Manchmal haben diese Kids wirklich eine blühende Fantasie.

Final call

Bei jedem Start gibt es den letzten Aufruf, sich zum Flugsteig zu begeben. Sonst haben wir den Flug verpasst. Punkt. Jetzt ist höchste Zeit, Farbe zu bekennen. Mit 50 ertönt der letzte Aufruf zum Ausstieg aus dem Alltagstrott. Mit dieser Ansicht bin ich nicht allein. Es ist normal, was Sie mit *50plus* fühlen. Aber es gilt noch nicht als normal danach zu handeln. Beanspruchen Sie Ihr *second life*! Jetzt. Sofort. Das ist die letzte Chance. Wie ich schon weiter oben sagte: „Love it, change it or leave it" – oder auch: „Use it or lose it." Das gilt nämlich für viele Bereiche.

„Nicken Sie nicht, tun Sie etwas", warb schon 1981 Karlheinz Böhm beim Spendenaufruf für seine Äthiopienhilfe *Menschen für Menschen.* Er war übrigens 53, als er ausstieg und mit seiner Mission in Afrika begann. Heute – über 27 Jahre später – ist er noch immer dabei, seine *Second-Life*-Berufung zu erfüllen. Radikal. Und es war richtig.

Klar, es gibt so viele vernünftige Argumente wie Meinungen an den Stammtischen. Tausend Gründe dagegen. „Das funktioniert doch nie. Viele sind gescheitert." Stimmt. Aber das sagen vor allem jene, die es noch nie versucht haben. Seit Jahrzehnten reden sie nur davon, was sie einmal alles tun werden. Das soll ab jetzt anders werden.

Natürlich gibt es auch die Verlockung, sich nur auszuruhen und es sich bequem zu machen. Klassische Burnout-Symptomatik. Setzen wir uns ruhig hin und entspannen wir erst

einmal. Aber dann geht es wieder mit neuer Kraft weiter. Denn selbst ein Spitzensportler verrostet, wenn er sich für einige Zeit in den Schaukelstuhl setzt. Es gibt genug traurige Beispiele dafür, wie Menschen über Nacht altern, nachdem sie pensioniert wurden. Das Nichtstun kann sogar zum Herzinfarkt führen. Also dann – worauf um alles in der Welt warten wir noch? Werden wir doch Abenteurer des Lebens!
Was sollen wir jetzt genau tun? Am besten das, was wir schon immer tun wollten. Einen Tag lang eine Stretchlimousine mieten, sich durch den Heimatort kutschieren und durch die nächste bevölkerte Straße ins Zentrum chauffieren lassen. Natürlich sollte man durchs offene Fenster winken, damit die Nachbarn einen sehen können. Sie glauben gar nicht, wie viele neidische Blicke man da erntet! Mitleid bekommt man gratis. Neid muss man sich verdienen. Und dann fahren wir noch mit dem Chauffeur in unser Stammlokal. Die Aktion ist nicht ganz billig, aber keinesfalls unerschwinglich.
Das liegt Ihnen nicht? Man kann auch dem Zufall eine Chance geben. Mit der berühmten Fahrt ins Blaue. Nein – keine organisierte Busreise. Ein paar Sachen zusammenpacken und ohne Ziel zu einem Kurztrip über Nacht aufbrechen. Durch spontane Improvisation können wir uns selbst neu entdecken. Und falls wir Begleitung haben auch den anderen. Wenn Ihnen auch das nicht liegt, okay. Dann bleibt nur eine akribische Planung ins Abenteuer. Sonst passiert nämlich genau nichts. Wer auf das Nichts zielt, trifft es auch. Schon im Winter einmal nackt in Islands Geysiren gebadet? Was, nicht einmal angezogen? Worauf noch warten? Nach dem Bankencrash 2008 ist Island so billig wie noch nie! Die Welt ist ein Buch, wer nie reist, kennt nur eine Seite. Wer wenig reist, nur ein Kapitel.
„Ich wünschte, ich hätte …" Diese Worte brauchen wir nie

mehr auszusprechen. Für uns heißt es: „Solange es mir möglich ist, mache ich alle drei Monate eine Reise in ein neues Land". Obwohl das auch nicht so gut ist. Denn damit leben wir ab jetzt in der Erwartung, dass der Tag kommt, an dem es nicht mehr geht, weil wir zu alt und zu müde sind. Besser ist es, die Sache so anzugehen: „Was ich bis jetzt alles aufgeschoben habe, ist schon reichlich genug. Damit ist nun endgültig Schluss." Wir haben schließlich nichts mehr zu verlieren, aber alles zu gewinnen. Der erste Schritt zum Erfolg liegt darin, klare Entscheidungen zu treffen und sie auch zu kommunizieren.

Ich weiß. Wenn man über 50 ist, hat man schon genügend Bücher über positives Denken gelesen. Wenn wir aber immer noch meinen, jeden Morgen in den Badezimmerspiegel „ich sehe jeden Tag jünger aus" rufen zu müssen, sind wir auf dem Holzweg. Die Schwerkraft des langen Erdendaseins lässt sich auch nicht einfach schönreden. Wenn wir sagen, was wir wollen, sollten wir auch tun, was wir sagen, um zu dem zu werden, was wir wirklich sind. Man muss einen Gedanken in die Tat umsetzen, damit er zu einer Lebensgewohnheit wird, die dann auch unseren Charakter formt. Sonst bleibt all das, was wir tun wollen, ein Hirngespinst ohne Auswirkung. Die Alltagsroutine und Gewohnheiten, die um des lieben Friedens willen beibehalten werden, sind eine Falle. Haben wir uns arrangiert, damit wir Stabilität und Sicherheit in unserem Leben haben? Und haben wir gleichzeitig auf das Wesentliche verzichtet? Angst vor Veränderungen, weil sie jemanden verärgern oder gar verletzen könnten? Die Meinung der anderen ist völlig unwichtig. Das ist wie mit den Verhaltensprägungen unserer Kindheit, von denen wir uns lösen müssen. „Man kann nicht alles haben!", wiederholen wir alsdann, wie es uns vorgesagt wurde. Wenn wir aber immer wieder von einem neuen

Leben tagträumen und emotionell verhungern, gibt es nur einen Ausweg: Ausbrechen! Mein Vorschlag: Eine *To-Live*-Liste anlegen, aber keine *Wenn-ich-einen-Lottosechser-mache*-Liste. Kein Selbstbetrug mehr! Handeln statt *Warten auf Godot* ist angesagt!

Ein Manager-Guru hat mir einmal das simple Geheimnis verraten, das vielen seiner Klienten half, ihre Aufgaben zu ordnen: „Schreiben Sie jede Woche die zehn wichtigsten Dinge auf, die Sie tun müssen, und nichts Neues dazu, bis etwas davon erledigt ist". Wenn die Prioritäten so gesetzt werden, dann verschiebt man andere Dinge solange, bis sie sich von selbst erledigen oder vergessen werden. Funktioniert aber nur, wenn man in einer Position ist, in der man vieles selbst entscheiden kann. Wir befinden uns auf jeden Fall bereits dort. Denn wir sind 50. Und wir müssen gar nichts mehr, außer die mutige Entscheidung treffen, unser Leben ab jetzt zu genießen.

Als junger Journalist saß ich in vielen Wohnzimmern bei Menschen, deren Leben sich durch einen dramatischen Schicksalsschlag über Nacht verändert hat. Bei einem dieser Besuche blätterte eine Frau gerade in Fotoalben aus besseren Zeiten. Als sie mir ihre Urlaubsbilder zeigte, sagte ich bei einem besonders malerischen Ort: „Dorthin reise ich auch einmal, wenn ich in Pension bin." Sie sah mich eindringlich an: „Auf gar keinen Fall! Warten Sie auf nichts! Tun Sie alles, was Sie vorhaben, jetzt und sofort – Sie wissen nicht, ob Sie die Chance dazu jemals wieder bekommen."

Wie Recht sie hatte. Die Worte dieser Frau haben mich nie wieder losgelassen. Ich umsegelte Afrika, beobachtete Eisbären am Nordpol, wanderte im Regenwald von Puerto Rico, reiste am Fährschiff durch die norwegischen Fjorde, durchquerte einige Male die Staaten, reiste in entlegene Provinzen Chinas, ritt mit Nomaden im Südiran auf Kamelen durch die Wüste, fuhr mit alten Eisenbahnen in den Bergen Mexikos, surfte auf den Stränden Tahitis und schaffte es sogar auf die kleine Insel St. Helena im Atlantik, auf die Napoleon verbannt wurde. Und nachdem mich einige schon dorthin schickten, wo der Pfeffer wächst, bin ich auch schon auf Madagaskar gewesen. Wahrscheinlich habe ich schon mehr von der Welt gesehen als viele andere. Dennoch – da ist noch so viel, was ich vorhabe. Umso mehr sollten all jene, die es bis 50 nur an den Hausmeisterstrand der Adria geschafft haben, nun die Welt erobern! Es hat schon seinen Grund, warum es das Buch *1000 places to see before you die* auf die internationalen Bestsellerlisten geschafft hat. Wir wollen wissen, wie und wo die versäumten Abenteuer zu den besten Konditionen nachgeholt werden können. Und keine Angebote für Seniorenfahrten mit Rheumadeckenverkauf und keine Töpferkurse in den Volkshochschulen!

Nomen est omen. 20 Millionen Deutsche der *Generation Silber* verfügen über hohe Kaufkraft. Ein Drittel hat keine monatlichen Belastungen mehr durch Miete oder Abzahlung eines Eigenheims. Die meisten haben hohe Ersparnisse. Und ein Viertel erwartet in den nächsten Jahren noch eine Erbschaft oder die Auszahlung einer Lebensversicherung. In der reichen Schweiz – dort ist übrigens bereits heute die Hälfte der Bevölkerung über 40 – liegt das Durchschnittsvermögen eines Rentners bei 600.000 Franken. Jeder Achte über 65 ist sogar Vermögensmillionär. Die finanziellen Möglichkeiten sind also bei den meisten vorhanden. Und auch laut Statistik geben Menschen über 50 eindeutig am meisten Geld für Urlaubsreisen aus. „Für viele geht das Abenteuer dann erst los. Sie sind wissbegierig, weltoffen und ohne Angst. Diese Generation traut sich heute überall hin auf der Welt", sagt Ernst Klug (Obmann des *Club 50).* Nicht nur kluge Worte, sondern tägliche Erfahrung mit den Mitgliedern, die bei ihm Reisen auf die entlegensten Winkel der Erde buchen. Zum Eisfjord-Clubausflug mit Eisbergwanderung kommt man zum Beispiel nur mit dem Expeditionsschlauchboot Zodiac.

Jeder hat seine unerfüllten Träume. Ich möchte noch quer durch Island reiten und dann meine Bandscheiben an unberührten Stränden in Vietnam auskurieren. Dann auf das erste Basislager am Mount Everest steigen und danach drei Monate einen abendfüllenden Spielfilm drehen und nur im Regiesessel sitzen. So nebenbei – ein gutes Viertel aller Kinobesucher ist bereits heute über 50. Später werde ich eine der berühmten Küstenstraßen Nordamerikas mit dem Motorrad bewältigen (nein, keine Harley, ein richtiges Motorrad). In Deutschland gibt es übrigens eine eigene Organisation namens *Youngtimer*, spezialisiert auf Motorradreisen für Leute über 50, die dann in Gruppen durch die Weltgeschichte touren. Dann auf zum größten Wasserfall der Welt (nein, das sind nicht die Niagarafälle, sondern da muss man nach Venezuela) und so nah wie möglich mit dem Boot rankommen, einen Monat mit den Quashqai-Nomaden im Südiran leben, mich als Arnold Schwarzenegger verkleidet in den New Yorker Faschingsumzug mischen, die Alpen mit Schneeschuhen und von Huskys gezogenen Hundeschlitten überqueren, Golfen lernen und zum Tauchen ans Rote Meer fahren. Was immer man auch tut: Nichts ist so falsch wie das Nichtstun. Wichtig ist für den Rest unseres Lebens – man muss immer etwas vorhaben.

Und auch für jene mit bescheideneren Mitteln gibt es genügend Möglichkeiten. Immer mehr Europäer ziehen gleich ganz ins Ausland, wo sie billiger leben können. Ein kühler Drink an der Strandbar statt Heizkostennachzahlung für den strengen Winter. Sogar in Thailand – wo man als Ausländer offiziell gar keine Häuser kaufen kann – entstehen Dörfer, in denen Österreicher und Deutsche friedlich (das allein ist schon mutig) nebeneinander ihre Version von Dolce Vita zelebrieren. Das sind keine Sextouristen, sondern Paare und individuelle Lebenskünstler.

Sie haben nicht einmal annähernd soviel Geld? Ich auch nicht. Aber wussten Sie, dass man schon um 131 Euro einen Formel-1-Rennwagen über den Kurs jagen darf (eine Stunde mit dem Bagger fahren gibt es übrigens schon um 91 Euro) und um 105 Euro eine Ausbildung zum Schlittenhundeführer beginnen kann? Eine Igluübernachtung kostet momentan 164,50, und eine Rundfahrt mit einem echten Zeppelin kriegen Sie schon um 191 Euro. Ein Tag als Jetpilot ist mit 1980 Euro etwas teurer. Und sogar ein U-Boot können Sie lenken, wenn Sie unbedingt untertauchen wollen.

Sie haben nicht so viel Zeit? Nehmen Sie sich ein *Sabbatical* und rechnen sie nicht damit, dass Sie danach unbedingt Ihren Job wiederbekommen. Den wollen Sie dann vielleicht auch gar nicht mehr. Mein ehemaliger Schulkollege Herbert (und damit gleich jung wie ich) und späterer Arbeitskollege beim ORF (gehalts- und imagemäßig leider einige Stufen über mir) nahm sich ein Jahr Auszeit und kam danach zurück, um sich den *Golden Handshake* abzuholen. Seitdem bekomme ich gemeinerweise regelmäßig von ihm Postkarten von den schönsten Plätzen der Erde. Das macht er natürlich nicht, um mich zu ärgern, obwohl – so ganz sicher bin ich mir da doch nicht.

In wirtschaftlich schwierigen Zeiten ist eine berufliche Auszeit einerseits eine leichte Übung und andererseits ein Risiko. Aber etwas Flucht muss auf jeden Fall sein – und zwar so schnell wie möglich und nach vorne. Vielleicht ist ein Jobverlust in einem Krisenjahr sogar die Chance auf begrenzte Auszeit? Man bekommt etwas Abstand (wenn man ihn auch räumlich hat, ist es noch besser!) zu seinen Alltagsproblemen und den Kopf frei für neue Projekte. Dann sieht man einige Dinge aus einer neuen Perspektive und beginnt das Leben zu führen, von dem man eigentlich immer träumte. In den Siebzigern trug ich einen Antikriegs-Sticker mit der Aufschrift *Why?* Jetzt trage ich innerlich die eher kämpferische Frage *Why not?* Vielleicht treffen wir uns bald an einem dieser Traumstrände aus den Reiseprospekten. Angekündigte Revolutionen finden so gut wie nie statt, und die Weltwirtschaftskrise könnte sich als viel harmloser herausstellen als angenommen. Lassen wir uns also nicht aufhalten.

Damit zumindest meine finanzielle Sicherheit gewährleistet ist (Sie erinnern sich an den gesunden Egoismus) – verschenken Sie bitte dennoch viele Exemplare meines Buches an Ihre Freunde. Die sind noch nicht alle 50? Kein Problem – sie werden es schon noch. Wir leben immerhin nicht mehr in der Römerzeit – da war das Durchschnittsalter 22. (Das hatte sicherlich auch mit diesen dämlichen Schwertkämpfen zu tun.) Wenn alles in uns „nichts wie weg" schreit, dann nehmen wir auch all unseren Mut zusammen und fordern das ein, was wir uns wünschen. Egal, ob es uns zusteht oder nicht. Völlig schnuppe, ob sich das nicht gehört. Und die Konsequenzen nehmen wir für unsere Freiheit in Kauf. Zu radikal? Sie bügeln lieber weiter die schlaflosen Nächte durch, weil der Nachwuchs die Schule ohne Angabe von Gründen abgebrochen hat? Sie bleiben lieber in der Mietwohnung an der Hauptverkehrsstraße, damit Ihre Kinder später dort billig wohnen können? (Was sie wahrscheinlich dann nie werden.) Sie fahren lieber weiterhin frühmorgens zu Ihrem schlecht bezahlten Job, damit Sie ja kein Risiko eingehen?

Dabei ist doch das Leben selbst schon lebensgefährlich. Ja, Menschen ertrinken im Meer, verunglücken bei Abenteuern und werden ausgeraubt. Als ein österreichisches Paar 2008 in der Sahara entführt wurde, gab es heftige Reaktionen in der Bevölkerung wegen angeblicher Lösegeldzahlungen der Regierung. Der Tenor war: „Wenn sie so einen riskanten Urlaub machen, sind sie selbst schuld." Da ist etwas Wahres dran. Aber ich fand es lässig, dass sich ein Steuerberater und eine Krankenschwester einfach ein Stück Abenteuer genehmigen. Sie haben auf jeden Fall mehr zu erzählen als andere, die sich nach einem ereignisarmen Leben in den ereignislosen Ruhestand verabschieden.

So wie auch das Wiener Ehepaar Bedenig. Beide waren 55, als sie ausstiegen und fünf Jahre lang die Welt umsegelten. So ein langer Segeltörn auf engem Raum ist eine extreme Beziehungsprobe. Viele Paare schaffen es gar nicht erst bis zum Test. Die Bedenigs aber haben ihn gemeistert.

Das zweitgrößte Hindernis nach unserem eigenen Zögern ist nämlich leider oftmals der eigene Partner. Sie hat nämlich seltsamerweise oft gar keine Lust auf eine spontane Tigersafari in Indien. Da sind vorrangig Männer in Khakihosen mit Tropenhelm im sicheren Jeep unterwegs. Und er hat kein Verlangen nach einem Salsa-Tanzkurs. Da stellt sie sich mit geschlossenen Augen gerne den Latin Lover vor. Darum das kurze Erschrecken, wenn sie das Gegenüber nach einer Drehung erblicken. Wenn der Partner seine besten Jahre nicht nutzen will, dann wird es schwierig. Aber nicht unmöglich. Manche Ehen sind wie zwei Gleise, die zuerst nebeneinander verlaufen und sich Jahr für Jahr voneinander entfernen, bis sie am Ende in zwei entgegengesetzte Richtungen unterwegs sind. Da gibt es kein gemeinsames Ziel mehr, sondern im besten Fall viele Kompromisse und Toleranz. Wenn es Liebe ist, dann freut sich der andere darüber, wenn sein Partner glücklich ist. Und so tanzt er Salsa, als ob es kein Morgen gäbe, und ihr strahlendes Lächeln gibt ihm das Gefühl, dass er selbst der er-

träumte feurige Lover ist. Und sie schmiegt sich eng an ihn, wenn der Tiger in 200 Metern Entfernung den sicheren Jeep umkreist. Wenn er dann seine Muskeln unter dem Khakihemd anspannt, hat sie das Gefühl, dass er bereit ist, sich notfalls für die Liebe seines Lebens zu opfern. Nein, natürlich keine Realität – wie gesagt, es geht um Gefühle.
Aber wenn emotionell nichts mehr geht, ist die Liebe gegangen. Das muss man akzeptieren. Wenn unser Partner unsere Bedürfnisse einfach ignoriert, steigen wir dennoch in den Flieger ein. Wenn der *final call* ertönt, gilt er immer für alle Passagiere. Wäre zwar schade, wenn der Platz neben uns bei diesem Flug frei bliebe. Noch schlimmer wäre es aber, wenn auch unser Platz leer stünde.
Wenn man aber momentan mit einem Einzelticket unterwegs ist, kann man das jederzeit ändern. Glauben Sie als Frau auf keinen Fall an den dämlichen Spruch, dass ab 50 die Wahrscheinlichkeit, von einem Tiger gefressen zu werden, höher ist, als einen bindungswilligen Partner zu finden. Ich habe bereits erwähnt, dass bei Safaris alle im sicheren Geländewagen sitzen. Na eben. Meine Tochter findet es allerdings bereits extrem lächerlich, wenn sich Menschen im Alter ihrer Professoren (also Methusaleme) in der Öffentlichkeit mit einem Kuss begrüßen. Ich weiß gar nicht, wie ich ihr beibringen soll, dass einige Paare ab 50 sogar noch weiter gehen …
Doch nehmen Sie sich kurz vor Ende dieses Buches noch einen ernsten Gedanken auf die Reise in den besten Lebensabschnitt mit. Es ist der *final call* – der letzte Aufruf – vor dem allerletzten Aufruf. Der Liedermacher Georg Danzer war unser Talkgast im *Austria Top Talk* mit Jürgen Peindl auf *Pro7*. Vor laufender Kamera scherzte er über die Zeiten, als er mehr als nur guten Tabak rauchte. Erinnert sich noch jemand an seine Single *Der Tschik?* Wird heute von Sammlern gesucht, die da-

für hunderte Euro bieten. Wie schon oft gesagt – vieles wird mit dem Alter eben besser und wertvoller.
Wir konnten die aufgezeichnete Sendung aber nie ausstrahlen, denn kurz danach wurde bei dem Sänger Lungenkrebs diagnostiziert. Seine Aussagen und unsere Späße von damals waren dadurch einfach unpassend geworden. Dennoch kam er zwischen zwei Chemotherapien nochmals zum Talk. Und wir plauderten danach backstage über das Thema dieses Buches. Er war begeistert, hatte *Das Methusalem-Komplott* gelesen und verstand mein Anliegen sofort. Sein Optimismus war ansteckend, denn er war überzeugt, die Krankheit besiegen zu können. Ich sah ihn zum letzten Mal bei seinem Auftritt mit Wolferl Ambros in der Wiener Stadthalle. Den Kampf hat er im Juni 2007 im Alter von 60 Jahren verloren – aber ich bin sicher, dass er sein Leben bis zur letzten Möglichkeit geliebt und genossen hat. Und nur das zählt.
Kurz vor Georgs Tod war ich bei seinem Freund und Musikerkollegen Rainhard Fendrich (damals 52) auf Mallorca. Dort begegnete ich einem betroffenen Rainhard, der offen über seine therapierte Kokainsucht und die Einsamkeit nach der Scheidung auf dem riesigen Anwesen sprach. Man spürte seinen Wunsch, sich nun nur noch auf das Wesentliche zu konzentrieren. „Ich würde gerne wieder einen neuen Fendrich-Hit im Radio hören“, provozierte ich ihn beim Mittagessen. „In meinem Herzen bin ich ein Komödiant“, antwortete er, was ich zunächst nicht verstand. Schließlich verkaufte er seine Villa. 2008 spielte er im Zweipersonenstück *Nächstes Jahr, gleiche Zeit* in 62 ausverkauften Vorstellungen in den Wiener Kammerspielen. Danach bei den Seefestspielen in Mörbisch neunzehnmal den verliebten Oberkellner Leopold vom *Weißen Rössl.* Gut so – auch wenn es viele nicht verstehen. Er wollte nicht mehr nur das tun, was die Leute von ihm erwarten, son-

dern das, was vor allem ihm Freude macht. Und das geht auch ohne Drogen. Vielleicht hat ihn der Tod von Georg Danzer mitinspiriert, dass er diesen Weg heute konsequent geht.
Auch mich hat der Tod eines Menschen kurz vor meinem 50. Geburtstag sehr nachdenklich gemacht. Matthias sollte mein Stellvertreter bei zwei neuen Vorabendsendungen werden. Eines Vormittags sprach ich ihn auf die homöopathischen Medikamente auf seinem Schreibtisch an. Als er mir seine Symptome erklärte, bestand ich auf einer sofortigen Computertomografie, die wir dank guter Beziehungen noch am Nachmittag für ihn organisieren konnten. Er kehrte nie wieder zur Arbeit zurück. Ich bekam noch einen Anruf am Abend, an dem er mir über den Gehirntumor berichtete. Einige Tage später verstarb er während der Operation in München. Matthias war an Jahren wesentlich jünger als ich. Aber in Wahrheit war er dennoch schon viel älter, als wir uns das erste Mal vier Jahre zuvor begegneten. Denn ich hatte noch mehr Lebensjahre vor mir als er.
Sollten wir nicht immer so leben, als ob es kein Morgen gäbe? Was hindert uns eigentlich wirklich daran, genau das zu tun? Sind wir nicht jene Generation, die in der Jugend beschlossen hat, auf alle Konventionen und die spießbürgerlich gut abgesicherte Existenz zu pfeifen (wir verwendeten damals sogar noch deutlichere Worte) und bedingungslos zu l(i)eben? Der Grund unseres Zögerns liegt tief in unserem Inneren. Unser sehnsüchtiger Wunsch nach Freiheit ist eingesperrt wie ein Wildpferd, das aus seinem Korall entfliehen möchte. Alles, was wir tun müssen, ist, es loszulassen.
Meine Tochter wollte mir einmal auf ihrem Pferd *Prinz* (wie kommen Sie darauf, dass ich sie wie eine Prinzessin verwöhne?) das Reiten beibringen. Immerhin hatte sie das Riesentier an einer Longeleine, eine Peitsche in der Hand und

herrschte mich an, gerade zu sitzen. Nach einer Stunde war meine Jockeykarriere schon wieder abgebrochen – oder besser gesagt abgeworfen. Aber selbst ich kann das Gatter öffnen und das Warmblut zum Austoben auf die Weide lassen – und das können wir alle!

Ist da jemand? – Partnerwahl ab 50

Wenn mich einmal mein zukünftiger Schwiegersohn um die Hand meiner Tochter bitten wird, ist es mir egal, ob er einige Jährchen älter oder jünger ist als sie. Ich finde Kontostand, Ausbildung, Autotyp, polizeiliches Führungszeugnis und Wohnsituation sind einfach aussagekräftiger. Das Aussehen spielt natürlich auch eine wichtige Rolle, denn ich möchte schließlich attraktive Enkelkinder. Selbst auf die Gefahr hin, dass sie mir dann nicht ähnlich sehen.
Momentan schleust meine Tochter zwar sogar ihre Schulfreundinnen an mir vorbei in ihr Zimmer, ohne sie mir vorzustellen, aber das ist sicherlich nur eine vorübergehende Phase. Wenn sie erst einmal im heiratsfähigen Alter ist und das Elternhaus verlassen will – also so in 20 bis 25 Jahren – wird sie diese Teenagerallüren sicherlich abgelegt haben.
Es ist schon in jungen Jahren nicht einfach, den richtigen Partner zu wählen. Aber mit 50 noch einmal einen neuen Partner finden? Das klingt ungewöhnlich, obwohl es eigentlich normal sein sollte. Der Nobelpreisträger Isaac Bashevis Singer schreibt im Vorwort seines Erzählbandes *Old Love*: „Die Romanschriftsteller haben uns niemals gesagt, dass in der Liebe wie auf anderen Gebieten die Jungen erst Anfänger sind und dass die Kunst des Liebens mit dem Alter und mit der Erfahrung reift." Das ist wahr. Aber auch wenn wir liebesfähiger sind als je zuvor – wo findet man ab 50 einen passenden Partner?

Für Männer, die Single und erfolgreich sind, ist es nicht sehr schwierig, wenn sie halbwegs passabel aussehen. Graue Schläfen machen sexy – zumindest den Mann, der George Clooney auch nur annähernd ähnlich sieht. Alle anderen können in den Farbtopf greifen. Wer sich zu seinen fehlenden Pigmenten bekennt, muss aber deswegen nicht automatisch im Denken ergraut sein.

Aber nur selten sind männliche Exemplare ab 50 pflegeleicht. Geschiedene sind noch etwas einfacher im Umgang als lebenslange Singles. Langjährige einsame Wölfe sind oft eigenbrötlerisch geworden. Sie schrauben die Zahnpastatube nicht zu, lassen die Kleider dort fallen, wo sie gerade stehen, bohren zu Hause beim Fernsehen in der Nase – und wollen das auch nicht mehr ändern. Zumindest nachdem die Schmetterlinge im Bauch – Neurotrophine – sich nach einem knappen Jahr verflüchtigt haben. Dennoch: Es gibt auch vermögende, attraktive und kultivierte (man beachte die Reihung der Eigenschaften) Männer über 50, die noch immer auf der Suche nach der Seelenverwandten (den Begriff habe ich erstmals in einer Frauenzeitschrift gelesen) sind. Auch wenn sie das selbst gar nicht wissen.

Unfairerweise wird es für Frauen ab diesem Alter aber zusätzlich schwieriger, einen Partner zu finden, da gleichaltrige Männer eher zu jüngeren Frauen tendieren. Umgekehrt ist es aber noch immer unüblich und zumindest Diskussionsstoff.

Das extremste Beispiel von Altersunterschied bei einem Paar erlebte ich bei *Vera* – der erfolgreichsten Talkshow im ORF. Für uns war die erste Sendung nach der Sommerpause besonders wichtig. Sie war der Startschuss für die wöchentlichen Folgen im darauffolgenden Jahr. Als Chefredakteur wählte ich daher die Beiträge und Gäste besonders sorgfältig aus.

Wenn es viele Zuseher garantierte, wurde sogar Michael

Douglas oder ein anderer Superstar aus Hollywood eingeflogen. Mein Quotenbringer war aber diesmal schon im nahen Salzburg zu finden. Ich entdeckte einen Leserbrief, in dem sich eine Dame über erlebte Intoleranz beschwerte. Sie hatte einen um 38 Jahre jüngeren Mann geheiratet. Ich besuchte das Paar und vergewisserte mich persönlich, dass es eine seriöse Liebesgeschichte war. Wenn es so etwas überhaupt gibt.
Eine Woche später drehten wir zuerst in der Festspielstadt ein sich küssendes verliebtes Paar und luden sie dann noch ins Fernsehstudio ein. Der 42-jährige Ehemann beteuerte vor einem Millionenpublikum, dass er seine 80-jährige Ehefrau über alles liebt und dies auch der einzige Heiratsgrund ist. Die Quote explodierte förmlich, die Zeitungen brachten große Berichte und alles hatte den Beigeschmack eines Skandals. Dabei kommt es in Deutschlands aktueller größter Singleumfrage (4.271 weibliche Singles bei Elite-Partner) klar heraus. Jede zweite Frau will einen jüngeren Mann. Träumen wird man doch noch dürfen!
Die Männer hat man erst gar nicht befragt. Dabei gibt es aber im wirklichen Leben tausende Männer, die wesentlich jüngere Frauen geheiratet haben – das interessiert aber offensichtlich keinen Menschen. Es ist wie bei der Story *Hund beißt Mann* versus *Mann beißt Hund.* Die damalige Quotenqueen Vera Russwurm war nachdenklich geworden: „Werner, eigentlich ist das der wirkliche Skandal", meinte sie zu mir, „wenn ein Mann eine viel jüngere Frau heiratet, regt das niemanden auf".
Ganz stimmt das zwar nicht, denn als der 61-jährige Ron Wood mit einer zwanzigjährigen russischen Barkeeperin in seinem Schloss in Schottland untertauchte, führte man das offen auf exzessiven Wodkakonsum des *Rolling-Stones*-Gitarristen zurück. Soll ja nicht so gut für die grauen Zellen sein.
Und als Formel 1-Manager Flavio Briatore mit 58 seine um 30

Jahre jüngere Freundin – das Wonderbra-Model Elisabetta Gregoraci – heiratete, gab es auch viele bissig-böse Kommentare. Es gab tatsächlich Menschen, die dachten, dass seine Finanzen entscheidender waren als sein Aussehen. Also auch wir Männer haben es nicht mehr so leicht wie früher.

Vielleicht dachte Talklady Vera Russwurm auch daran, dass ihr Ehemann – der ergraute Theaterdirektor Peter Hofbauer – 64 ist, wenn sie demnächst jugendliche 50 wird. Haben Sie jetzt gerade über diesen Altersunterschied nachgedacht? Das sollten Sie nicht, denn er ist bedeutungslos (siehe Kapitel *Das wahre Alter ist im Kopf*). Und der Peter ist einer der umtriebigsten Menschen, die ich kenne.

Es ist wirklich egal, ob Mann oder Frau an Lebensjahren jünger sind. Zumindest theoretisch. Zwei Menschen leben zu zweit, weil einer den anderen liebt. Oder geliebt hat. Auf jeden Fall geht es uns eigentlich gar nichts an.

Männer sehen das bei anderen Männern sowieso alles lockerer. Und tun so, als ob ihnen das Älterwerden absolut nichts ausmachte. Manche Frauen glauben ihnen das sogar. Doch wenn man(n) mit knapp 70 noch immer in Richtung *17 Jahr, blondes Haar* tendiert, erinnert das stark an Apollo 13: „Houston, we have a problem!"

Im Freundeskreis erzählte ich die Episode, als Udo Jürgens am Ende einer Fernsehaufzeichnung auf zwei junge Girls im Publikum zeigte und befahl, dass sie noch zum Plaudern bleiben sollen. Unfassbar. Noch unfassbarer war, dass sie tatsächlich blieben und mit dem damals 68-Jährigen entschwanden. Vielleicht wollte er ihnen eines seiner neuen Lieder im Hotelzimmer vorspielen und ihre Reaktion testen. Robbie Williams macht das auch öfters. Manche erzählen dann den Medien öffentlich von den Gesangsstunden und verdienen sich so ein gar nicht so kleines Taschengeld.

Zumindest steht der ergraute Entertainer öffentlich dazu. Udo Jürgens ätzt in seinem Hit *Es lebe das Laster* über einen Mann, der vernünftig lebte:

Er ging nie auf Aufriss in heiße Lokale,
machte niemanden an und niemals Randale,
er war nie im Bett mit Blond oder Rot,
er tut mir so leid, denn jetzt ist er tot.

Als ich die Geschichte von Udos Avancen erzählte, rief einer in der Männerrunde – die schon einige Drinks intus hatte – begeistert: „Bravo, gut gemacht, Udo!" Tja. Vielleicht ist offene Bewunderung in diesem Fall besser und ehrlicher als heuchlerische Empörung. Aber alles hat seinen Preis. Udo Jürgen Bockelmanns (so sein bürgerlicher Name) Ehen halten – aus unerklärlichen Gründen – nie recht lang.

Ähnlich ergeht es Dieter Bohlen, der eine Schwäche für Jungfrauen hat. Keine Ahnung, wo er die heute noch findet. Die Jungfrauen sind natürlich – surprise! – sehr junge Frauen. In Johannes B. Kerners Talkshow (ZDF) hat er seine Vorliebe damit begründet, dass alle anderen Frauen in festen Beziehungen sind und er die als Gutmensch nicht zerstören will. So bliebe ihm eben nur diese Alternative. Neben ihm saß Comedy-Star Mario Barth und fiel vor Lachen fast vom Sessel. Bohlen blieb todernst und schien wirklich zu hoffen, dass wir ihm das als edle Handlung abkaufen.

Unlängst habe ich die Reaktion meiner Tochter getestet, als neben uns ein Lamborghini bei einer Ampel hielt. Drinnen saß ein – vom Blickwinkel meiner Tochter aus gesehen – älterer Herr mit einer sehr jungen Dame. „Was denkst du jetzt?", fragte ich, „toller Hecht, schau dir seine junge Freundin an". Sie sah mich an, als ob sie befürchtete, dass ich nun völlig den Verstand verloren hätte. „Das ist meine Freundin aus der Nachbarklasse mit ihrem Vater", sagte sie dann nach längerem

Schweigen. Wie gesagt – sie stellt mir ihre Freundinnen nie vor. Nun ja. Frauen ab 50 müssen auf jeden Fall anders vorgehen, um bei Männern zu punkten. Ein Sportwagen ist okay, aber völlig unnötig. Vor allem müssen sie Signale aussenden, dass sie bereit sind, sich auf einen Mann geistig und körperlich einzulassen. Geht auch umgekehrt. Wichtig ist nur, dass sie sich nicht verstellt. Die erotische Ausstrahlung einer reifen Frau ist natürlich anders als die eines jungen Mädchens. Sie kichert nicht ständig über seine witzigen Bemerkungen und setzt keinen verführerischen Unschuldsblick auf. Aber sie weiß, dass sie attraktiv ist, und wird deshalb von den Männern auch so wahrgenommen. Niemals vermittelt sie den Eindruck, auf Partnersuche zu sein, da es für sie genug interessante Männer gibt, die in Frage kommen. Doch sie wirkt sinnlich und lebenslustig. Man spürt an ihrer entspannten Gelassenheit, dass sie sich selbst so angenommen hat, wie sie ist, und deswegen auch zum Genuss intensiver Sexualität fähig ist. Sie ist mit sich und ihrem Körper zufrieden, auch wenn er vielleicht nicht perfekt ist. Sie fühlt sich rundum wohl und ist gut drauf. Da sie ihre Stärken kennt, betont sie schon einmal einen Gesichtsausdruck besonders, lässt ihr Lächeln wirken, setzt eine zufällige Bewegung ein, die zu ihr passt, zeigt die dynamische Lebensfreude, die aus ihr quillt. Das macht sie sexy und stark – und damit auch als Partnerin attraktiv. Eine 20-Jährige kann niemals so erotisch sein wie eine Frau über 50. Punkt. Und ich wage jetzt zu behaupten, dass sich manche Männer nur eine junge Partnerin wünschen, weil sie Angst vor der starken erotischen Ausstrahlung einer reifen Frau haben.
Wobei es mit 50 noch ein zusätzliches Problemchen gibt. Wir sind mit den Jahren ziemlich wählerisch geworden, obwohl die Auswahl etwas kleiner geworden ist. Die Betonung liegt auf *etwas.* Es gibt so viele Singles in unserem Alter wie noch nie,

da man sich heute schneller trennt als früher. Und die Lebenserwartung hilft kräftig mit, denn 1900 wurden die Menschen durchschnittlich nur 47. Heute liegt die durchschnittliche Lebenserwartung bei Frauen bei 81 und bei Männern bei 75 Jahren. Tendenz steigend. Der Zukunftsforscher Lars Thomsen sagt voraus, dass es im Jahr 2025 mehr Menschen über als unter 50 geben wird. Sie haben also die Wahl und wissen – hoffentlich – auch schon besser, wer potenziell zu ihnen passt. Vor 50 haben viele oft den Typ Partner gewählt, der Gegensätze ausgeglichen hat, weil er in vielen Dingen ganz anders war. Jetzt haben wir gelernt, dass das auf längere Sicht für beide ziemlich anstrengend ist. Gegensätze ziehen sich anfangs an, aber stoßen sich dann ab, wenn sie nicht miteinander versöhnt werden. Unsere Prägungen treiben uns auch gern einem völlig ungeeigneten Partner in die Arme. Wir suchen das, was uns vertraut ist. Wenn eine schlechte Ehe der Eltern unser Negativvorbild war, neigen wir dazu, genau das zu wiederholen. Auch das sollten wir mit 50 verstanden haben. Und es ab nun anders machen.

Ein weiteres Problemchen ist, dass bei Männern ab 50 der zweite Erziehungsweg nicht mehr funktioniert. Sie lernt Mr. Maybe kennen und will Mr. Right aus ihm machen. Und ist sich ganz sicher. Bald hat sie ihm abgewöhnt, seine Suppe zu schlürfen und diese grässlichen roten Socken zu tragen. In Kürze wird er auch gern mit ihr ins Theater oder von Vernissage zu Vernissage pilgern und sich mit Trennkost anfreunden. Da sie gerne in der Früh joggt, wird er in absehbarer Zeit auch früher aufstehen und merken, wie gut ihm das tut. Wir alle wissen, wie das enden wird.

Die Macht der Liebe treibt uns Männer zwar kurzzeitig zu außergewöhnlichen Leistungen an. Kein Berg ist uns zu hoch und kein Weg zu weit. Blumenhändler strahlen, wenn wir ihr

Geschäft betreten, und im Restaurant weiß man bereits, dass unser Lieblingstisch in der romantischen uneinsehbaren Nische steht. Aber irgendwann stellt sich so etwas wie eine emotionale Erschöpfung ein, und wir verwandeln uns wieder zu Normalsterblichen. Hat etwas mit den chemischen Botenstoffen im Gehirn zu tun. Auf jeden Fall ist spätestens dann der zweite Erziehungsweg zum Scheitern verurteilt. Männer wollen plötzlich wieder selbst die Lehrer sein.

Manche Frauen ab 50 sind daher aus Erfahrung raffinierter. Sie starten mit dem Relaunch erst dann, wenn dieser chemische Prozess abgeschlossen ist, und tolerieren bis dahin seine Unarten.

Es ist eine böse Unterstellung zu behaupten, dass bei dieser Entscheidung die finanzielle Lage des Mannes auch nur die geringste Rolle spielt. Frauen ab 50 sind heute so selbstbestimmt, dass sie auf die Finanzen des Partners nicht mehr angewiesen sind. Gleichzeitig ist es aber so, dass ihnen Geld nach wie vor wichtig ist. Sehr wichtig sogar. Ein Widerspruch in sich – aber das macht den Reiz einer Frau auch aus. Über diese ambivalente Haltung verfügt übrigens jede von Geburt an. Psychologen erklären in seitenlangen Abhandlungen, dass sie nur ihren Instinkten folgen. Naja, wenn wir Männer uns darauf beriefen, wären alle Machos! Ich bin aber da als ehemaliger Frauenversteher sowieso allen weit voraus. Jetzt mit 50 verstehe ich endlich, dass ich gar nichts vom Wesen des Weibes verstanden habe. Weiser kann man nicht mehr werden.

Trotzdem: Wenn ein Mann mittellos aber unsterblich (also für die nächsten drei Jahre) verliebt ist, tut er gut daran, sie dies auf keinen Fall merken zu lassen. Nicht die Verliebtheit (obwohl das auch sehr gefährlich werden kann), sondern den desaströsen Kontostand. Er muss nur so lang durchhalten, bis das Bindungshormon Oxytocin zu wirken beginnt (ich verrate

aber nicht, nach welcher Zeit es bei Frauen über 50 ausgeschüttet wird). Dann bleibt sie glücklich bei ihm, auch wenn er ein armer Schlucker ist. Naja – zumindest theoretisch. Träumen wird man(n) ja noch dürfen!
Bei mir funktioniert es manchmal, als Schriftsteller zu punkten, der bei richtiger Pflege irgendwann einen Bestseller schreibt und dann über Nacht sehr vermögend ist. Joanne K. Rawlings *Harry-Potter*-Erfolg eignet sich da ideal als Beispiel. Die ist jetzt reicher als die Queen. An dieser Stelle ein Dankeschön, dass Sie mein Buch gekauft haben. Leihen Sie es jetzt bitte nicht weiter, sondern empfehlen Sie es nur. Das ist gut für mich und auch eine wunderbare Übung für Ihren gesunden Egoismus. Sie würden es außerdem vermutlich sowieso nie wiederbekommen.
Meine Tochter hat übrigens nicht die geringste Befürchtung, dass sie wegen meiner Erwähnungen in diesem Buch irgendwelche blöde Bemerkungen erdulden muss. Als ich vorsichtig anfragte, ob es sie stört, wenn ich ihre Kommentare erwähne, sah sie mich zuerst an, als ob ich vom Mars käme. Ich dachte zuerst, sie sei erstaunt, dass ich sie ausnahmsweise um Erlaubnis für etwas frage. Dann antwortete sie aber kopfschüttelnd und langsam sprechend (für Menschen die schwer von Begriff sind, ist das auch sehr hilfreich): „Glaubst du wirklich, irgendeiner *meiner* Freunde wird dieses Buch jemals lesen?“ Wo sie Recht hat, da hat sie Recht. Und das ist okay, denn es ist ein Buch für *meine* Generation.

You are not alone

Ab 50 gehören wir zur starken Mehrheit, die in Zukunft wahlentscheidend sein wird. Ich kann es gar nicht mehr erwarten zu hören, was uns Politiker alles versprechen – und nie halten – werden. Mit unserem Ärger darüber werden wir nicht allein sein. Wir werden wieder kämpfen müssen – um unsere Pensionen, um unsere Freiheit, das Leben so zu leben, wie wir das wollen, und um unsere Würde. Wie bei jeder Revolution wird es Helden und Sympathisanten geben. Es wird nicht gelingen, uns in die Isolation zu drängen und mundtot zu machen. An uns führt kein Weg vorbei. Nur über unsere Leiche. Das ist ziemlich wörtlich gemeint.

Werfen wir nochmals einen kurzen unverklärten Blick zurück. Schon in den Sechzigern haben Frauen ihre Stimme für Gleichberechtigung und Unabhängigkeit erhoben. Die Pille half ihnen dann, die Entscheidung selbst zu treffen, ob und wann sie wie viele Kinder bekommen wollen. Nobelpreisträger Carl Djerassi – der Vater der Pille und nunmehr gefeierter Theaterautor – versuchte mich zu überzeugen, dass es ohne die Antibabypille eben andere Wege zur Verhütung gegeben hätte. Aber ich denke, er unterschätzt die Wirkung seiner Entdekkung. Erst Aids konnte in den Achtzigern die sexuelle Freizügigkeit wieder einbremsen. Vor allem aber war es den Frauen ab 1962 möglich, den Kinderwunsch exakter zu planen als ihre Mütter. Aber nur wenige haben sich damals für eine Karriere und gegen Kinder entschieden. Die Siebziger brachten

ein Umdenken, und die meisten Frauen versuchten, zumindest beides erfolgreich zu meistern.
Nun sind die Revoluzzer über 50 und brave oder weniger brave Kinder verlassen oder verließen das traute oder weniger traute Heim. Männer wie Frauen stehen nun erneut vor der Herausforderung eines selbstbestimmten Lebens, und das Schreckgespenst der Andro- wie Menopause droht am Horizont. In dieser Zeit legt der Körper etwas mehr Fett an. Na und? Das Thema hatten wir schon. Autorinnen – ja, diese revolutionären Bücher haben natürlich vor allem Frauen geschrieben – zeigen auf, dass das Klimakterium ein Energieschub und eine positive Entwicklung sein kann. Das wird leider meistens noch ganz anders gesehen. Ein pessimistischer Zugang kann aber nichts bringen, außer Negatives extrem zu verstärken. Stark sollen wir aber vor allem sein, wenn wir das Neuland der zweiten Lebenshälfte freudig betreten. Es ist auf jeden Fall gut zu wissen, dass wir auch mit diesem angeblichen Problem keineswegs allein sind. Und auch nicht mit der Art zu denken und leben zu wollen. Glauben Sie den Medien kein Wort, wenn sie behaupten, dass die meisten Menschen ganz zufrieden sind mit einem ruhigen Lebensabend.
Bei einer Befragung für den *Wiener Frauenbarometer 2007* erklärte mehr als die Hälfte der befragten Frauen zwischen 45 und 65, dass ihre Altersgruppe in den Medien verzerrt dargestellt wird. Die zuständige Stadträtin Sandra Frauenberger bezog sich auf diese Umfrage, wenn sie sagt: „Es ist hoch an der Zeit, dass das Bild von Frauen über 50 mit den gesellschaftlichen Veränderungen mitzieht und ein Umdenken, eine Sensibilisierung und ein Sichtbarmachen stattfindet. *50plus* muss zum positiv besetzten Thema werden. Wir müssen Klischees und Vorurteile zurechtrücken, wie zuletzt mit unserer Kampagne *Frauen über 50 können alles sein.*" Was in Wien wahr ist,

stimmt auch von München bis Hamburg und selbst in der konservativen Schweiz. Und es stimmt natürlich auch für Männer. Bei beiden Geschlechtern sind viele Gleichgesinnte und unsere Wege werden sich früher oder später kreuzen. Erinnern wir uns: Wir sind bald die Mehrheit. Dann könnte man Kinder im Alter meiner Tochter als die seltene Art *Teeniesaurus Rex* bezeichnen. In Japan ist schon heute jeder fünfte Bewohner mindestens 65, und diese Gruppe ist bereits Trendsetter in Modefragen, Essen, Wohnen und Reisen. Bei Autos wird dort im Vorfeld getestet, ob die kaufkräftige *50plus*-Generation mit dem neuen Modell zufrieden ist. Elektronische Kofferraumöffnung mit dem Autoschlüssel wird deshalb bald Standard sein. Ist cool und praktisch, wenn man gerade wieder eine schwere Kiste – siehe Bandscheiben! – guten Rotweines direkt vom Lieblingswinzer holt oder Stapel von Schuhkartons vom Ausverkauf ins Auto lädt. Wobei sich mir als Mann übrigens die Frage stellt: Zu welcher Jahreszeit ist eigentlich einmal kein Schlussverkauf?
Es kann sinnvoll sein sich mit anderen auszutauschen, die ähnlich denken und leben wie wir. Damit meine ich jetzt nicht die Schnäppchenjagd. Die Generation *50plus* sind meistens keine Menschen, die Bierdeckel sammeln, für Weihnachten der Verwandtschaft dicke Socken stricken oder zu Hause eine Miniaturausgabe des Kölner Doms mit Streichhölzern nachbauen. Solche netten – gähn – Menschen gibt es natürlich. Ihnen genügt es, den gewohnten Weg der Vorfahren zu gehen und langsam zu Hause in Ruhe einzuschlafen. Einige sind schon gestorben, bevor sie tot sind. Wir sind aber unbequem und laut bis zum letzten Atemzug. Lassen wir uns daher auf keinen Fall von diesen negativen Beispielen entmutigen, die uns über den Weg laufen oder besser gesagt im Weg sitzen. Es ist immer so bei Revolutionen – nicht alle sind an vorderster

Front dabei und stehen für ihre Anliegen ein. Aber alle beanspruchen später die Vorteile, die erkämpft worden sind. Im Management lehrt man es mit beschönigenden Worten. Die *Early Adapters* sind von Anfang an dabei, und andere kommen als *Followers* nach, wenn sie sehen, dass es funktioniert. Aber da haben sie bei *50plus* schon die besten Jahre verschenkt. Ätsch! Wechseln wir daher von der Skat- zur Pokerrunde. Wobei natürlich nicht alle Skatspieler urlangweilig und alle Pokerfans spannende Typen sind – aber tendenziell stimmt's schon.
Der Lösungsansatz zum Kennenlernen der *Freschen* ist relativ simpel. Wir machen das, was uns Spaß macht. Dabei lernen wir die Leute kennen, die zu uns passen. Schreiben Sie sich in einen Schauspielkurs oder beim *Silver-Star-Casting* ein: Vielleicht will man Ihr unverbrauchtes – damit meine ich natürlich vor allem die mangelnde Präsenz auf dem Bildschirm – Gesicht sogar für einen Film haben? Wenn man spirituelle Askese liebt und etwas durchgeknallte Menschen kennen lernen möchte, pilgert man einfach einige hundert Kilometer auf dem Jakobsweg. Beim Fallschirmsprung aus einem Heißluftballon lernt man eher mutige Leute kennen. Ein einfaches Prinzip, das funktioniert. Beginnen Sie mit Bogenschießen, Fliegen, Stabhochsprung, Breakdance, Barmixen, Kitesurfen oder Schneeschuhwandern. Was und wie auch immer. Machen Sie auf jeden Fall das Gegenteil dessen, was die Befragung unter jungen Menschen, wie man sich eine alte Person vorstellt, ergeben hat: „Man lebt hauptsächlich für das Glück der Enkel, fürchtet die Einsamkeit und freut sich über jeden in Gesundheit verbrachten Tag. Alte Menschen sind konservativ. Musikkultur, Rebellion und Tabubruch sind ein Monopol der Jugend." Genau diese Stereotype wollen wir nicht mehr leben, und wir verbünden uns mit jenen, die dagegen aufbegehren.
Wir suchen nun keine Freunde fürs Leben, sondern Weg-

begleiter, die vielleicht zu Freunden werden. Wir kennen den Unterschied zwischen Bekannten und Freunden. Hoffentlich. Bekannte sind beispielsweise nette Arbeitskollegen, mit denen wir auch nach dem Jobwechsel noch in Kontakt bleiben. Oder Eltern von Schulfreunden unserer Kinder, mit denen wir uns auch noch treffen, wenn die Kids längst ausgezogen sind. Es gibt auch jene, die uns einen Gefallen tun und wir revanchieren uns dafür. Das sind Zweckbündnisse und Seilschaften. Es gibt Menschen, mit denen wir uns einmal in der Woche zum Tennis, Squash oder Volleyball spielen treffen. Das nennt man Sportsfreunde. Die gibt es leider auch viel zu selten. Wer mit 50 wirkliche Freunde hat (findet man in letzter Konsequenz nur heraus, wenn es einem dreckig geht), sollte sie daher auf jeden Fall hegen und pflegen. Besonders Männer andere Männer. Denn Frauen sind ihnen da sowieso um Lichtjahre voraus. Nicht bei der Männer-, sondern bei der Freundinnenpflege. Aber Freundschaften dürfen niemals verhindern, dass wir unser Leben nicht so leben können, wie wir das möchten. Wenn jemand wirklich zu uns hält, dann akzeptiert er uns so, wie wir momentan drauf sind. Basta. Mit unseren Wünschen, Träumen und dem Mut zum Leben. Und wird hoffentlich von unserer Lebensfreude mitgerissen, um uns später dafür dankbar zu sein. Wer momentan keine gleichaltrigen Freunde hat, braucht sie aber nicht zwanghaft zu suchen. Auch als Mentor für jüngere Menschen kann man reüssieren. (Männer! Ich sagte *Menschen* und nicht *Mädchen*!).

Auf meiner Seite *filmreif.at* informiere ich Sie zusätzlich gern über weitere Möglichkeiten zum Kennenlernen. Die Site ist aber keine Partnerbörse für einsame Herzen, sondern ein offener Erfahrungsaustausch von Leuten über 50, die gut drauf sind. Sie erfahren auch Neues von mir, wenn ich dazu gerade Lust habe. Sie wissen ja – jeder Tag zählt, und wir müssen die

Zeit nützen, die uns zur Verfügung steht. Mit 25 habe ich ein Buch mit dem elendslangen Titel *All you can do is all you can do, but all you can do is enough* von A. L. Williams gelesen. Den Inhalt habe ich vergessen – aber der Titel blieb bei mir für immer hängen. Hauptsache, Sie tun, was Sie tun können, nachdem Sie dieses Buch gelesen haben. Das sollte reichen, wenn es Ihnen reicht und sie vom Leben im öden Alltagstrott genug haben.

Ich muss mich bei dem Veranstalter des *50plus*-Seniorenkinos unbedingt noch bedanken. Das war der letzte Tritt in den Hintern, den ich gebraucht habe, um dieses Buch zu schreiben. Ich hoffe, dass Sie ihm auch etwas dankbar sind.

Es war in München, wo ich wieder auf das *50plus*-Kino stieß. Ein heißer Tipp für mich damals mit meinem – sie erinnern sich an meinen türkischen Friseur? – neuen Haarschnitt. *Ü50* heißt dort „die Filmreihe im CINEMA mit Kaffee & Kuchen um 5,90 für alle über 50“ mit Nachmittagsvorstellung. Der flotte Musicalfilm *Mamma Mia* war aber auch perfekt dafür ausgewählt. Meryl Streep spielt eine Frau um die 50, die nicht weiß, welcher ihrer drei ehemaligen Liebhaber der Vater ihrer Tochter ist. Ein ehemaliger langhaariger 68er zeigt als stockfader Bankmensch die Fotos von damals. Und eine heiße *50plus*-Lady legt einen aufreizenden Tanz hin, bis ein junger Verehrer zu ihren Füßen niedersinkt. Da können die Alten doch so richtig mitträumen und die *ABBA*-Lieder mitträllern. Als ich mir den Film – natürlich nicht im Seniorenkino – ansah, waren fast nur junge Leute dort. Die Songs kletterten wieder auf Platz eins in den Charts. Wie zu unserer Zeit. Ist schon komisch, dass unsere Nummern die jungen Leute in Scharen ins Kino locken. Und noch komischer, dass wir uns das ab 50 im Seniorenkino ansehen sollen. In Seniorengewandung und mit Seniorenhaarschnitt.

Meine Tochter findet so eine Ghetto-Nachmittagsvorstellung ab 50 übrigens „voll okay“. Sie meint, dass sie das nicht besonders mag, wenn Opas und Omas neben ihr im Kino sitzen. Ich weiß nicht genau, warum sie das so sieht. Wir reden momentan nicht mehr so viel miteinander.

Epilog

Es war der letzte Tag des Jahres 2008. Am Nachmittag habe ich die letzte Zeile für dieses Buch geschrieben. Mir war nach Feiern zumute, und das Datum lud dazu ein.
Zu dritt fuhren wir spontan zur Silvestergala ins noble *Magna Racino* (in der Nähe von Wien), um gemeinsam mit 600 weiteren Gästen – unter ihnen die Mutter des verstorbenen Hans Hölzel (Falco) – zu feiern. Ein gemütlicher, um nicht zu sagen langweiliger Abend, so als ob sich alle – wirtschaftskrisengeschüttelt – vorsagten: „Vornehm geht die Welt zugrunde". Als der von den Veranstaltern engagierte Falco-Imitator das Lied *Out of the dark* zum Besten (also so gut er es eben konnte) gab, schwenkten wir zur Stimmungsmache die am Tisch vorbereiteten Spritzkerzen. Ich nahm gleich zwei und mein Freund Peter meinte: „Werner hat eine Erleuchtung". Wir lachten – aber womöglich hatte er Recht. Ich dachte gerade an Falco, der mit Kokain vollgepumpt war, als er kurz vor seinem 41. Geburtstag in der Dominkanischen Republik in den Tod fuhr. Er hatte nicht einmal annähernd das Alter erreicht, das ich in diesem Buch als die beste Lebenszeit beschreibe. Mein Freund Gerhard war auch in Falcos Alter, als er mit seiner Frau Renate ebenfalls in die Dominkanische Republik auswanderte. Er hilft dort bis heute mit dem Gewinn seines gut angelegten Vermögens den Ärmsten der Armen in den Slums. Auch wenn es kitschig klingt: Er ist sicherlich glücklicher, als es der zerrissene Falco jemals war. Hans Hölzel fand auf der Karibikinsel nicht mehr aus der Dunkelheit zum Licht, weil er kein Le-

bensziel mehr hatte. Als Falco erfuhr, dass sein Hit *Rock me Amadeus* Nummer eins in den US-Charts wurde, fiel er in eine tiefe Depression.

Und kurz danach stellte sich nach einem Vaterschaftstest heraus, dass seine geliebte Katharina ein Kuckuckskind ist. „Ich bin nicht dein Papa", offenbarte der Sänger der Siebenjährigen mitten in der Nacht. Ab da gab es fast nur mehr Telefongespräche. Das Mädchen ließ seinen Namen Hölzel auf den Namen der Mutter ändern. „Muss ich denn sterben, um zu leben?", sang der Falke in dem Song *Out of the dark*, den er kurz vor seinem Tod aufnehmen ließ. So fragt ein Mensch ohne Vision und Ziel.

Die Spritzkerzen im großen Festsaal des *Magna Racino* verglühten eine nach der anderen. Das Jahr 2009 hat begonnen. Nach dem Grimmschen Wörterbuch hat die Zahl Neun den gemeinsamen Ursprung mit *neu*. Demnach war es Usus, mit acht Fingern (ohne Daumen) zu zählen. Nach dem achten Finger musste man *neu* zu zählen beginnen. Egal, ob das stimmt oder nicht. Und egal ob Sie dieses Buch 2009 oder in den kommenden Jahren lesen. Wir haben immer die Möglichkeit, *neu* zu beginnen. Kein Leben muss ohne Ziel und Vision bleiben.

Zwei *50plus*-Paare am Nachbartisch machten sich schon eine halbe Stunde nach Mitternacht auf den Nachhauseweg. Ein DJ legte gerade im Saal den ersten Song auf und Janis Joplin röhrte „Freedom is just another word for nothing have to lose". Als die beiden Männer mit den teuren Mänteln von der Garderobe zum Tisch kamen, standen die beiden Damen auf. Sie wippten beide im Takt mit den Hüften, und ich sah selbst aus der Distanz das Aufblitzen des Feuers in ihren Augen. „Better to burn out, than to fade away" (besser ausbrennen als langsam dahinwelken) hatte Janis einmal erklärt. In diese Gefahr kam sie leider nie, denn sie starb mit 27 nach einer Überdosis Heroin.

Die seriösen Herren am Nebentisch ließen sich nicht erweichen. Sie drängten mit dem arroganten wohlwollenden *Liebling, du bist keine 20 mehr*-Blick zum Aufbruch. Die geschmeidigen Bewegungen der *50plus*-Ladies erstarrten, und das Augenfeuer erlosch. Am liebsten wäre ich in diesem Moment aufgesprungen und hätte die Damen zum Tanzen aufgefordert. Aber ich weiß, was sich gehört. Auch wenn meine Tochter das manchmal in Frage stellt.

Es kam mir in diesem Moment vor, als ob das neue Jahr für diese beiden Paare schon gelaufen wäre. Sie wirkten vermögend und gesund. Wie Menschen, die alles erreicht haben, was sie erreichen wollten. Aber ich hatte nicht den Eindruck, dass sie noch viele Abenteuer im Leben erwarteten. Jammerschade. Und vor allem – wie wir wissen – grundfalsch.

Wir dürfen niemals an solch einen Tiefpunkt im Leben kommen. Und wenn doch, dann heißt es für uns wie im Falco-Song *Out of the dark*:

Reich mir die Hand,
Mein Leben, nenn mir den Preis.
Ich schenk dir gestern, heut und morgen,
Dann schließt sich der Kreis …

Danksagung

Wer sich in diesem Buch wiederfindet und sich darüber freut, ist auch gemeint.
Wer sich in diesem Buch zu erkennen glaubt und sich ärgert, ist nicht gemeint.

Alle handelnden Personen sind real, Ähnlichkeiten beabsichtigt und fast alle Geschichten wahr. Welche unwahr sind, wird nicht verraten.

Dank an meine Lektorin Marion Mauthe. Sie hat etwas von einer Domina – meistens ziemlich streng und dann wieder sehr weiblich verständnisvoll. Vor allem aber hat sie ab der ersten Sekunde an dieses Buch geglaubt (willkommen in der Zielgruppe) und war dadurch viel mehr als nur ein Lektorat. Liebe MM – danke – Ihr WB.